民國文化與文學 研究文叢

六 編

李 怡 主編

第 2 冊

桌子的跳舞

「清末民初赴日中國留學生與中國現代文學」
日中學術研討會論文集（上）

岩佐昌暲 李怡 中里見敬　主編

國家圖書館出版品預行編目資料

桌子的跳舞 「清末民初赴日中國留學生與中國現代文學」日
中學術研討會論文集（上）／岩佐昌暲 李怡 中里見敬 主編
-- 初版 -- 新北市：花木蘭文化出版社，2016〔民 105〕
序 4+ 目 2+140 面；19×26 公分
（民國文化與文學研究文叢 六編：第 2 冊）
ISBN 978-986-404-678-2（精裝）
1. 清末留學運動 2. 中國當代文學 3. 文集
541.26208   103012784

ISBN-978-986-404-678-2

9 789864 046782

特邀編委（以姓氏筆畫為序）：

丁　帆	王德威	宋如珊
岩佐昌暲	奚　密	張中良
張堂錡	張福貴	須文蔚
馮　鐵	劉秀美	

民國文化與文學研究文叢
六　編　第　二　冊　　　　ISBN：978-986-404-678-2

桌子的跳舞 「清末民初赴日中國留學生與中國現代文學」
日中學術研討會論文集（上）

編　　者	岩佐昌暲 李怡 中里見敬
主　　編	李　怡
企　　劃	四川大學現代中國文化與文學研究中心
	北京師範大學民國歷史文化與文學研究中心
總 編 輯	杜潔祥
副總編輯	楊嘉樂
編　　輯	許郁翎、王　筑　美術編輯　陳逸婷
出　　版	花木蘭文化出版社
社　　長	高小娟
聯絡地址	235 新北市中和區中安街七二號十三樓
	電話：02-2923-1455 ／傳真：02-2923-1452
網　　址	http://www.huamulan.tw 信箱 hml810518@gmail.com
印　　刷	普羅文化出版廣告事業
初　　版	2016 年 9 月
全書字數	283334 字
定　　價	六編 24 冊（精裝）新台幣 44,000 元

桌子的跳舞
「清末民初赴日中國留學生與中國現代文學」
日中學術研討會論文集（上）

岩佐昌暲　李怡　中里見敬　主編

作者簡介

岩佐昌暲，1942 年生於日本島根縣。文革後期在北京當過日語專家。九州大學名譽教授。日本郭沫若研究會會長。專業方向是中國現當代詩歌、文革時期文學研究。著有《文革時期的文學》、《80 年代中國的內部風景——其文學與社會》、《中國現代詩歌史研究》，《紅衛兵詩選》（合編）、《中國現代文學與九州》（合著），洪子誠《中國當代文學史》（合譯）等。

李怡，1966 年生於重慶，文學博士，北京師範大學文學院教授。《現代中國文化與文化》學術叢刊主編，主要從事中國現代詩歌、魯迅及中國現代文學思潮研究。出版《中國現代新詩與古典詩歌傳統》、《現代四川文學的巴蜀文化闡釋》、《現代性：批判的批判》、《日本體驗與中國現代文學的發生》、《作爲方法的民國》等。

中里見敬，1964 年生於日本山口縣，文學博士，九州大學語言文化研究院教授。主要從事中國古代、近代小說的敘事學與文體學研究，並參加九州大學濱文庫的中國戲劇資料的整理工作。出版《中國小說の物語論の研究》（日文，中國小說的敘事學研究）、《濱文庫所藏唱本目錄》等。中文論文有《〈傷逝〉的獨白和自由間接引語：從敘述學和風格學角度作一探討》等。

提　　要

這是 2015 年春日本福岡召開的日中學術研討會論文結集。會議名稱爲「〈清末民初赴日中國留學生與中國現代文學〉日中學術研討會」會議由日本郭沫若研究會、日本現代中國學會西日本分會、九州大學大學院語言文化研究院三個單位聯合舉辦，與會者們爲大會提交了 27 篇論文，會議結束後幾經修改和篩選，最終定下 22 篇論文結集出版。這批論文裏面，除了參會並做發表的論文之外，還包括雖做了發表但因故直至後來才補交的論文，和事後提交的內容與發表的論文不盡相同的文章以及因爲突然日程變更未能參會的一些學者的論文。本書根據上述論文的內容，大致按照六大主題進行了分類。即，《總論》、《清末民初日中留學政策/制度》、《郭沫若的留日影響》、《中國現代文學作品中的日本因素》、《中國近代藝術中的日本因素》、《日本現代漢學的成立與留學——以九州帝國大學爲例》需要說明的是，這種分類實際上只是基於編者主觀判斷的權宜性分類，實際上有些論文在內容上涉及到兩個主題或者更多。

作爲會議籌備者之一的中國方面是「西川論壇」，因此本論集也可以視作「西川論壇」的一次別集，也是《民國文化與文學》學術年刊 2015 年卷。

作爲方法的「民國」
——第六輯引言

李　怡

　　「作爲方法」的命題首先來自日本著名漢學家竹內好，從竹內好 1961 年「作爲方法的亞洲」到溝口雄三 1989 年「作爲方法的中國」，其中展示的當然不僅僅是有關學術「方法」的技術性問題，重要的是學術思想的主體性追求。日本學人通過中國這樣一個「他者」的參照進行自我的反省和批判，實現從「西方」話語突圍，重新確立自己的主體性，這對同樣深陷「西方」話語圍困的中國學界而言也無疑具有特殊的刺激和啓發。1990 年代中期以後，中國（華人）學人如孫歌、李冬木、汪暉、陳光興、葛兆光等陸續介紹和評述了他們的學說，〔註1〕特別是最近 10 年的中國思想文化與文學批評界，可以說出現了一股竹內──溝口的「作爲方法」熱，「作爲方法的日本」、「作爲方法的竹內好」、「亞洲」作爲方法，〔註2〕以及「作爲方法的 80 年代」等等

〔註 1〕　如 Kuang-ming Wu and Chun-chieh Huang　（吳光明、黃俊傑）：〈關於《方法としての中國》的英文書評〉《清華學報》新 20 卷第 2 期，1990 年），溝口雄三、汪暉：〈沒有中國的中國學〉《讀書》第 4 期，1994 年），孫歌：〈作爲方法的日本〉《讀書》第 3 期，1995 年），李長莉：〈溝口雄三的中國思想史研究〉《國外社會科學》第 1 期，1998 年），葛兆光：〈重評九十年代日本中國學的新觀念──讀溝口雄三《方法としての中國》〉《二十一世紀》12 月號，2002 年），吳震：〈十六世紀中國儒學思想的近代意涵──以日本學者島田虔次、溝口雄三的相關討論爲中心〉《東亞文明研究學刊》第 1 卷第 2 期，2004 年）等。

〔註 2〕　刊發於《臺灣社會研究季刊》12 月號，總第 56 期，2004 年。2005 年 6 月，陳光興參加了在華東師範大學舉行的「全球化與東亞現代性──中國現代文學的視角」暑期高級研討班，將論文〈「亞洲」作爲方法〉提交會議，引起了與會者的濃厚興趣。

在我們學術話語中流行開來，體現了一種難能可貴的自我反思、重建學術主體性的努力。竹內好借鏡中國的重要對象是文學家魯迅，近年來，對這一反思投入最多的也是從事中國現當代文學研究的學者，因此，對這一反思本身做出反思，進而探索真正作為中國現代文學的「方法」的可能，便顯得必不可少。

在「亞洲」、「中國」先後成為確立中國學術主體性的話語選擇之後，我覺得，更能夠反映中國現代文學立場和問題意識的話語是「民國」。作為方法的民國，具體貼切地揭示了中國現代文學的生存發展語境，較之於抽象的「亞洲」或者籠統的「中國」，更能體現我們返回中國文學歷史情境，探尋學術主體性的努力。

一

日本戰敗，促成了一批日本知識分子的自我反省，竹內好（1908～1977）就是其中之一。在他看來，「脫亞入歐」的日本「什麼也不是」，反倒是曾經不斷失敗的中國在抵抗中產生了非西方的、超越近代的「東洋」。通常我們是說魯迅等現代中國知識分子從「東洋」日本發現了現代文明的啟示，竹內好卻反過來從中國這個「東洋」發現了一條區別於西歐現代化的獨特之路：借助日本所沒有的社會革命完成了自我更新，如果說日本文化是「轉向型」的，那麼中國文化則可以被稱作是「迴心型」，而魯迅的姿態和精神氣質就是這一「迴心型」的極具創造價值的體現。「他不退讓，也不追從。首先讓自己和新時代對陣，以『掙扎』來滌蕩自己，滌蕩之後，再把自己從裏邊拉將出來。這種態度，給人留下一個強韌的生活者的印象。像魯迅那樣強韌的生活者，在日本恐怕是找不到的。」「在他身上沒有思想進步這種東西。他當初是作為進化論宇宙觀的信奉者登場的，後來卻告白頓悟到了進化論的謬誤；他晚年反悔早期作品中的虛無傾向。這些都被人解釋為魯迅的思想進步。但相對於他頑強地恪守自我來說，思想進步實在僅僅是第二義的。」〔註3〕就此，他認為自己發現了與西方視角相區別的「作為方法的亞洲」，這裡的「亞洲」主要指中國。溝口雄三（1932～2010）是當代中國思想史學家，他並不同意竹內好將日本的近代描述為「什麼也不是」，試圖在一種更加平等而平和的文化觀

〔註3〕（日）竹內好：《近代的超克》，11、12 頁，李冬木、趙京華、孫歌譯，三聯書店，2005 年。

念中讀解中國近代的獨特性:「事實上,中國的近代既沒有超越歐洲,也沒有落後於歐洲,中國的近代從一開始走的就是一條和歐洲、日本不同的獨自的歷史道路,一直到今天。」〔註4〕作爲方法的中國,意味著對「中國學」現狀的深入的反省,這就是要根本改變那種「沒有中國的中國學」,「把世界作爲方法來研究中國,這是試圖向世界主張中國的地位所帶來的必然結果……這樣的『世界』歸根結底就是歐洲」。「以中國爲方法的世界,就是把中國作爲構成要素之一,把歐洲也作爲構成要素之一的多元的世界」。〔註5〕

海外漢學(中國學)長期生存於強勢的歐美文明的邊緣地帶,因而難以改變作爲歐美文化思想附庸的地位,這一局面在海外華人的中國研究中更加明顯。而日本知識分子的反省卻將近現代中國作爲了反觀自身的「他者」,第一次將中國問題與自我的重建、主體性的尋找緊密聯繫,強調一種與歐美文明相平等的文化意識,這無疑是「中國學」研究的重要破局,具有重要的學術啓示意義,同時,對中國自己的學術研究也產生了極大的衝擊效應。

在逐步走出傳統的感悟式文學批評,建立現代知識的理性框架的過程中,中國的學術研究顯然從西方獲益甚多,當然也受制甚多,甚至被後者裹挾了我們的基本思維與立場,於是質疑之聲繼之而起,對所謂「中國化」和保留「傳統」的訴求一直連綿不絕,至最近20餘年,更在國內清算「西化」的主流意識形態及西方後現代主義、西方馬克思主義的自我批判的雙重鼓勵下,進一步明確提出了諸如中國立場、中國問題、中國話語等系統性的要求。來自日本學者的這一類概括——在中國發現「亞洲」近代化的獨特性,回歸中國自己的方法——顯然對我們當下的學術訴求有明晰準確的描繪,予我們的「中國道路」莫大的鼓勵,我們難以確定這樣的判斷究竟會對海外的「中國學」研究產生多大的改變,但是它對中國學術界本身的啓示和作用卻早已經一目了然。

我高度評價中國學界「回歸中國」的努力與亞洲——中國「作爲方法」的啓示意義。但是,與此同時,我也想提醒大家注意一個重要的現實,所謂的「作爲方法」如果不經過嚴格的勘定和區分,其實並不容易明瞭其中的含義,而無論是「亞洲」還是「中國」,作爲一個區域的指稱原本也有不少的遊

〔註4〕 (日)溝口雄三:《作爲方法的中國》,12頁,孫軍悅譯,三聯書店,2011年。
〔註5〕 (日)溝口雄三:《作爲方法的中國》,130、131頁,孫軍悅譯,三聯書店,2011年。

移性與隨意性。比如竹內好將「亞洲」簡化爲「中國」，將「東洋」轉稱爲「中國」，臺灣學人陳光興也在這樣的「亞洲」論述中加入了印度與臺灣地區，這都與論述人自己的關注、興趣和理解相互聯繫，換句話說，僅僅有「作爲方法」的「亞洲」概念與「中國」概念遠遠不夠，甚至，有了竹內與溝口的充滿智慧的「以中國爲方法」的種種判斷也還不夠，因爲這究竟還是「中國之外」的「他者」從他們自己的需要出發提出的觀察，這裡的「中國」不過是「日本內部的中國」，而非「中國人的中國」，正如溝口雄三對竹內好評述的那樣：「這種憧憬的對象並不是客觀的中國，而是在自身內部主觀成像的『我們內部的中國』。」〔註6〕那麼，溝口雄三本人的「中國方法」又如何呢？另一位深受竹內好影響的日本學者子安宣邦認爲，溝口雄三「以中國爲方法，以世界爲目的」的「超越中國的中國學」與日本戰前「沒有中國的中國學」依然具有親近性，難以眞正展示自己的「作爲方法」的中國視點。〔註7〕所以葛兆光就提醒我們，對於這樣「超越中國的中國學」，我們也不能直接平移到中國自己的中國學之中，一切都應當三思而行。〔註8〕

問題是，中國學界在尋找「中國獨特性」的時候格外需要那麼一些支撐性的論述與證據，而來自域外的論述與證據就更顯珍貴了。在這個時候，域外學說的「方法」本身也就無暇追問和反思了。例如竹內好與溝口雄三都將近現代中國的獨特性描述爲社會革命：「中國的近代化走的是自下而上的反帝反封建社會革命、即人民共和主義的道路。」〔註9〕在他們看來，太平天國至社會主義中國的「革命史」呈現的就是中國自力更生的道路。這的確道出了現代中國的重要事實，因而得到許多中國現代文學研究者的認同，當然，一些中國學者對現代中國革命的重新認同還深刻地聯繫著西方後現代主義對西方文化的自我批判，聯繫著西方馬克思主義及其它左派對資本主義的嚴厲批判，在這裡，「西洋」的自我批判和「東洋」的自我尋找共同加強了中國學者對「中國現代史＝革命史」的認識，如下話語所表述的學術理念以及這一理念的形成過程無疑具有某種典型意義：

〔註6〕（日）溝口雄三：《作爲方法的中國》，6頁，孫軍悅譯，三聯書店，2011年。

〔註7〕參看張崑將：〈關於東亞的思考「方法」：以竹內好、溝口雄三、子安宣邦爲中心〉，《臺灣東亞文明研究學刊》第1卷第2期，2004年。

〔註8〕葛兆光：〈重評九十年代日本中國學的新觀念——讀溝口雄三《方法としての中國》〉，《二十一世紀》12月號，2002年。

〔註9〕（日）溝口雄三：《作爲方法的中國》，11頁，孫軍悅譯，三聯書店，2011年。

從 1993 年起，我逐步地對以往的研究做了兩點調整：第一是將
自己的歷史研究放置在「反思現代性」的理論框架中進行綜合的分
析和思考：第二是力圖將社會史的視野與思想史研究結合起來。在
中國 1980 年代的文化運動和 1990 年代的思想潮流之中，對於近代
革命和社會主義歷史的批判和拒絕經常被放置在對資本主義的全面
的肯定之上：我試圖將近代革命和社會主義歷史的悲劇放置在對現
代性的批判性反思的視野中，動機之一是爲了將這一過程與當代的
現實進程一道納入批判性反思的範圍。……而溝口雄三教授對日本
中國研究的批判性的看法和對明清思想的解釋都給我以啓發。也是
在上述閱讀、交往和研究的過程中，我逐漸地形成了自己的一個研
究視野，即將思想的內在視野與歷史社會學的方法有機地結合起
來。〔註10〕

東洋與西洋的有機結合，鼓勵我們對現代性的西方傳統展開質疑和批判，同
時對我們自身的現代價值加以發掘和肯定，在中國現代文學研究領域中，這
些「我們的現代價值」常常也指向革命文學、左翼文學、延安文學與新中國
建立至新時期以前的文學，有學者將之概括爲新左派的現代文學史觀。姑且
不論「新左派」之說是否準確，但是其描述出來的學術事實卻是有目共睹的：
「以現代性反思的名義將左翼文學納入現代性範疇，並稱之爲『反現代的現
代主義文學』、『反現代的現代先鋒派文學』，高度肯定其歷史合理性，並認爲
改革前的毛澤東時代可以定位爲『反現代的現代性』，其合法性來自於對西方
資本主義現代性的批判。」〔註11〕爲了肯定這些中國現代文化追求的合理性，
人們有意忽略其中的種種失誤，包括眾所周知的極左政治對現代文學發展的
傷害和扭曲，甚至「文革」的思維也一再被美化。

理性而論，前述的「反思現代性」論述顯然問題重重：「那種忽略了具體
歷史語境中強大的以封建專制主義文化意識爲主體的特殊性，忽略了那時文
學作品巨大的政治社會屬性與人文精神被顛覆、現代化追求被阻斷的歷史內
涵，而只把文本當作一個脫離了社會時空的、僅僅只有自然意義的單細胞來

〔註10〕汪暉、張曦：〈在歷史中思考——汪暉教授訪談〉，《學術月刊》第 7 期，2005
年。
〔註11〕鄭潤良：〈「反現代的現代性」：新左派文學史觀萌發的語境及其問題〉，《福建
論壇》第 4 期，2010 年。

進行所謂審美解剖。這顯然不是歷史主義的客觀審美態度。」〔註12〕

值得注意的現實是，爲了急於標示中國也可以有自己的「現代性」，我們學界急切尋找著能夠支持自己的他人的結論和觀點，至於對方究竟把什麼「作爲方法」倒不是特別重要了。

「悖論」是中國學者對竹內好等學者處境與思維的理解，有意思的是，當我們不再追問「作爲方法」的緣由和形式之時，自己也可能最終陷入某種「悖論」。比如，在肯定我們自己的現代價值之際，誕生了一個影響甚大的觀點：反現代的現代性。中國革命史被稱作是「反現代的現代性」，中國的左翼文學史也被描述爲「反現代性的現代性」，姑且不問這種表述來源於西方現代性話語的繁複關係，使用者至少沒有推敲：「反」的思維其實還是以西方現代性爲「正方」的，也就是說，是以它的「現代」爲基本內容來決定我們「反」的目標和形式，這是真正的多元世界觀呢？還是繼續延續了我們所熟悉的「二元對立」的格局呢？這樣一種正／反模式與他們所要克服的思維中國／西方的二元模式如出一轍：把世界認定爲某兩種力量對立鬥爭的結果，肯定不是對真正的多元文化的認可，依舊屬於對歷史事實的簡化式的理解。

二

「中國作爲方法」不是學術研究大功告成之際的自得的總結，甚至也還不是理所當然的研究的開始，更準確地說，它可能還是學術思想調整的準備活動。在這個意義上，真正的「中國」問題在哪裏，「中國」視角是什麼，「中國」的方法有哪些，都亟待中國自己的學人在自己的歷史文化語境中開展新的探討。對於中國現代文學研究而言，我覺得，與其追隨「他者」的眼界，取法籠統的「中國」，還不如真正返回歷史的現場加以勘察，進入「民國」的視野。「作爲方法的中國」是來自他者的啓示，它提醒我們尋找學術主體性的必要，「作爲方法的民國」，則是我們重拾自我體驗的開始，是我們自我認識、自我表達的真正的需要。

海外中國學研究，在進入「作爲方法的中國」之後，無疑產生了不少啓發性的成果，即便如此，其結論也有別於自「民國」歷史走來的中國人，只有我們自己的「民國」感受能夠校正他者的異見，完成自我的表述。包括竹

〔註12〕董健、丁帆、王彬彬：〈我們應該怎樣重寫當代文學史〉，《江蘇行政學院學報》第 1 期，2003 年。

內好與溝口雄三這樣的智慧之論也是如此。對此，溝口雄三自己就有過真誠的反思，他說包括竹內好在內他們對中國的觀察都充滿了憧憬式的誤讀，包括對「文革」的禮贊等等。〔註13〕因為研究「所使用的基本範疇完全來自中國思想內部」，而且「對思想的研究不是純粹的觀念史的研究，而是考慮整個中國社會歷史」，溝口雄三的中國研究曾經為中國學者所認同，〔註14〕例如他借助中國思想傳統的內部資源解釋孫中山開始的現代革命，的確就令人耳目一新，跳出了西方現代性東移的固有解說：

> 實際上大同思想不僅影響了孫文，而且還構成了中國共和思想的核心。

> 就民權來看，中國的這種大同式近代的特徵也體現在民權所主張的與其說是個人權利，不如說國民、人民的全體權利這一點上。

> 大同式的近代不是通過「個」而是通過「共」把民生和民權聯結在一起，構成一個同心圓，所以從一開始便是中國獨特的、帶有社會主義性質的近代。〔註15〕

雖然這道出了中國現代歷史的重要事實，但卻只是一部分事實，很明顯，「民國」的共和與憲政理想本身是一個豐富而複雜的思想系統，而且還可以說是一個動態的有許多政治家、思想家和知識分子共同參與共同推進的系統。例如在五四新文化運動前夕，出於對民初政治的失望，《甲寅》的知識分子群體就展開了「國權」與「民權」的討論辨析，並且關注「民權」也從「公權」轉向「私權」，至《新青年》更是大張個人自由，個人情感與欲望，這才有了五四新文學運動，有了郁達夫的切身感受：「五四運動的最大成功，第一要算『個人』的發現。從前的人是為君而存在，為道而存在，為父母而存在的，現在的人才曉得為自我而存在了。」〔註16〕不僅是五四新文學思潮，後來的自由主義者也一直以「個人權利」、「個人自由」與左右兩種政治主張相抗衡，雖然這些「個人」與「自由」的內涵嚴格說來與西方文化有所區別，但也不

〔註13〕（日）溝口雄三：《作為方法的中國》，12頁，孫軍悅譯，三聯書店，2011年。
〔註14〕（日）溝口雄三、汪暉：〈沒有中國的中國學〉，《讀書》第4期，1994年。
〔註15〕（日）溝口雄三：《作為方法的中國》，12、16、18頁，孫軍悅譯，三聯書店，2011年。
〔註16〕郁達夫：《中國新文學大系·散文二集》導言》，上海良友圖書印刷公司，1935年。

是「大同」理想與「社會主義性質」能夠涵蓋的，它們的發展在不同的歷史時期各有限制，但依然一路坎坷向前，並在 20 世紀 80 年代的海峽兩岸各有成效，成爲現代中國文化建設所不能忽略的一種重要元素，不回到民國重新梳理、重新談論，我們歷史的獨特性如何能夠呈現呢？

治中國社會歷史研究多年的秦暉曾經提出了一個耐人尋味的觀點：當前中國學術一方面在反對西方的所謂「文化殖民」，另外一方面卻又常常陷入到外來的「問題」圈套之中，形成有趣的「問題殖民」現象。〔註 17〕我理解，這裡的「問題殖民」就是脫離開我們自己的歷史文化環境，將他者研討中國提出來的問題（包括某些讚賞中國「特殊價值」的問題）當作我們自己的問題，從而在竭力掙脫西方話語的過程中再一次落入到他者思維的窠臼。如何才能打破這種反反覆復、層層疊疊的他者的圈套呢？我以爲唯一的出路便是敢於拋開一些令人眼花繚亂的解釋框架，面對我們自己的歷史處境，感受我們自己的問題，對中國現代文學的研究而言，就是要在「民國」的社會歷史框架中醞釀和提煉我們的學術感覺，這當然不是說從此固步自封，拒絕外來的思想和方法，而是說所有的思想和方法都必須在民國歷史的事實中接受檢驗，只有最豐富地對應於民國歷史事實的理論和方法才足以成爲我們研究的路徑，才能最後爲我所用。在中國現代文學研究領域，並沒有異域學者所總結完成的「中國方法」，而只有在民國「作爲方法」取得成傚之後的具體的認知，也就是說，是「作爲方法的民國」眞正保證了「作爲方法的中國」。下述幾個中國現代文學研究中影響較大、也爭論較大的理論框架，莫不如此。

例如，在描述中國歷史從封建帝國轉入現代國家的時候，人們常常使用「民族國家」這一概念，中國現代文學也因此被視作「現代民族國家文學」，不斷放大「民族國家」主題之於中國現代文學的意義：「在抗戰文學中，由於抗日民族統一戰線的建立，民族國家成爲了一個集中表達的核心的、甚至唯一的主題。」〔註 18〕甚至稱：「『五四』以來被稱之爲『現代文學』的東西其實是一種民族國家文學。」〔註 19〕這顯然都不符合中國現代文學在「民國」

〔註 17〕http://www.360doc.com/content/10/0626/01/875791_35273755.shtml
〔註 18〕曠新年：〈民族國家想像與中國現代文學〉，《文學評論》第 1 期，2003 年。
〔註 19〕劉禾：《文本、批評與民族國家文學——〈生死場〉的啓示》，1 頁，北京大學出版社，2007 年。對中國現代文學研究中民族國家理論的檢討，已有學者提出過重要的論述，如張中良《中國現代文學的「民族國家」問題》，臺灣花木蘭文化出版社，2012 年。

的歷史事實，不必說五四新文學運動恰恰質疑了無條件的「國家認同」，民國時期文學前十年「國家主題」並不占主導地位，出現了所謂「民族國家意識的延宕與缺席」現象，〔註20〕第二個十年間的「民族主義」觀念也一再受到左翼文學陣營的抨擊，就是抗日戰爭時期的文學，也不像過去文學史所描繪的那麼主題單一，相反，多主題的出現，文學在豐富中走向成熟才是基本的事實。不充分重視「民國」的豐富意義就會用外來概念直接「認定」歷史的性質，從而形成對我們自身歷史的誤讀。

　　文學的「民國」不僅含義豐富，也不適合於被稱作是「想像的共同體」。近年來，美國著名學者本尼狄克特‧安德森關於民族國家的概括——「想像的共同體」廣獲運用，借助於這一思路，我們描繪出了這樣一個國家認同的圖景：中國知識分子從晚清開始，利用報紙、雜誌、小說等媒體空間展開政治的文化的批判，通過這一空間，中國人展開了對「民族國家」的建構，使國民獲得了最初的民族國家認同。誠然，這道出了「帝國」式微，「民國」塑形過程之中，民眾與國家觀念形成的某些狀況，但卻既不是中華民族歷史演變的眞相，〔註21〕也不是現實意義的民國的主要的實情，當然更不是「文學民國」的重要事實。現實意義的民國，在一個相當長的時間裏，依然處於殘留的「帝國」意識與新生的「民國」意識的矛盾鬥爭之中，專制集權與民主自由此漲彼消，黨國觀念與公民社會相互博弈，也就是說，「國家與民族」經常成爲統治者鞏固自身權利的重要的意識形態選擇，與知識分子所要展開的公眾想像既相關又矛盾。在現實世界上，我們的國家民族觀念常常來自於政治強權的強勢推行，這也造成了

〔註20〕李道新在剖析民國電影文化時指出：「南京國民政府成立以前，亦即從電影傳入中國至 1927 年之間，中國電影傳播主要訴諸道德與風化，基本無關民族與國家。民族國家意識的延宕與缺席，與落後保守的價值導向及混亂無序的官方介入結合在一起，使這一時期的中國電影幾乎處在一種特殊的無政府狀態，並導致中國電影從一開始就陷入目標／效果的錯位與傳者／受眾的分裂之境。」（李道新：〈民族國家意識的延宕與缺席：南京國民政府成立前中國電影的傳播制度及其空間拓展〉，《上海大學學報》第 3 期，2011 年。）這樣的觀察其實同樣可以啓發我們的文學研究。

〔註21〕關於中華民族及統一國家的形成如何超越「想像」，進入「實踐」等情形，近來已有多位學者加以論證，如楊義、邵寧寧：〈描繪中國文學地圖——楊義訪談錄〉（《甘肅社會科學》第 5 期，2004 年）、郝慶軍：〈反思兩個熱門話題：「公共領域」與「想像的共同體」〉（《中國現代文學研究叢刊》第 5 期，2005 年）、吳曉東：〈「想像的共同體」理論與中國理論創新問題〉（《學術月刊》第 2 期，2007 年）等。

知識分子國家民族認同的諸多矛盾與尷尬，他們不時陷落於個人理想與政治強權的對立之中，既不能接受強權的思想干預，又無法完全另立門戶，總之，「想像」並不足以獨立自主，「共同體」的形成步履艱難，「文學的民國」對此表述生動。這裡既有胡適「只指望快快亡國」的情緒性決絕，〔註22〕有魯迅對於民族國家自我壓迫的理性認識：「用筆和舌，將淪為異族的奴隸之苦告訴大家，自然是不錯的，但要十分小心，不可使大家得著這樣的結論：『那麼，到底還不如我們似的做自己人的奴隸好。』」〔註23〕也有聞一多輾轉反側，難以抉擇的苦痛：「我來了，我喊一聲，迸著血淚， ／『這不是我的中華，不對，不對！』」「我來了，不知道是一場空喜。 ／我會見的是噩夢，那裡是你？／那是恐怖，是噩夢掛著懸崖， ／那不是你，那不是我的心愛！」〔註24〕

總之，進入文學的民國，概念的迷信就土崩瓦解了。

也有學者試圖對外來概念進行改造式的使用，這顯然有別於那種不加選擇的盲目，不過，作為「民國」實際的深入的檢驗工作也並沒有完成，例如近年來同樣在現代文學研究界流行的「公共空間」（「公共領域」）理論。在西歐歷史的近現代發展中，先後出現了貴族文藝沙龍、咖啡館、俱樂部一類公共聚落，然後推延至整個社會，最終形成了不隸屬於國家官僚機構的民間的新型公共社區，這對理解西方近代社會歷史與精神生產環境都是重要的視角。不過，真正「公共空間」的形成必須有賴於比較堅實的市民社會的基礎，尚未形成真正的市民社會的民國，當然也就沒有真正的公共空間。〔註25〕可能正是考慮到了民國歷史的特殊性，李歐梵先生試圖對這一概念加以改造，他以「批判空間」替換之，試圖說明中國近現代知識分子也正在形成自己的「公共性」的輿論環境，他以《申報·自由談》為例，說明：「這個半公開的園地更屬開創的新空間，它

〔註22〕胡適〈你莫忘記〉有云：「你莫忘記： ／你老子臨死時只指望快快亡國： ／亡給『哥薩克』， ／它給『普魯士』 ／都可以」。

〔註23〕魯迅：《且介亭雜文末編·半夏小集》，《魯迅全集》6 卷，617 頁，人民文學出版社，2005 年。

〔註24〕聞一多詩歌：〈發現〉。

〔註25〕對此，哈貝馬斯具有清醒的認識，他認為，不能把「公共領域」這個概念與歐洲中世紀市民社會的特殊性隔離開，也不能隨意將其運用到其它具有相似形態的歷史語境中。（參見哈貝馬斯：《公共領域的結構轉型》初版序言，曹衛東譯，學林出版社，1999 年。）中國學者關於「公共領域」理論在中國運用的反思可以參見張鴻聲：〈中國的「公共領域」及其它──兼論現代城市文學研究的本土化〉，《首都師範大學學報》第 6 期，2006 年。

至少爲社會提供了一塊可以用滑稽的形式發表言論的地方。」魯迅爲《自由談》欄目所撰文稿也成爲李歐梵先生考辨的對象，並有精彩的分析，然而，論者突然話鋒一轉：「因爲當年的上海文壇上個人恩怨太多，而魯迅花在這方面的筆墨也太重，罵人有時也太過刻薄。問題是：罵完國民黨文人之後，是否能在其壓制下爭取到多一點言論的空間？就《僞自由書》中的文章而言，我覺得魯迅在這方面反而沒有太大的貢獻。如果從負面的角度而論，這些雜文顯得有些『小氣』。我從文中所見到的魯迅形象是一個心眼狹窄的老文人，他拿了一把剪刀，在報紙上找尋『作論』的材料，然後『以小窺大』，把拼湊以後的材料作爲他立論的根據。事實上他並不珍惜——也不注意——報紙本身的社會文化功用和價值，而且對於言論自由這個問題，他認爲根本不存在。」「《僞自由書》中沒有仔細論到自由的問題，對於國民黨政府的對日本妥協政策雖諸多非議，但又和新聞報導的失實連在一起。也許，他覺得眞實也是道德上的眞理，但是他從報屁股看到的眞實，是否能夠足以負荷道德眞理的眞相？」〔註26〕其實，魯迅對「自由」的一些理論和他是否參與了現代中國「批判空間」的言論自由的開拓完全是兩碼事。實際的情況是，在民國時代的專制統治下，任何自由空間的開拓都不可能完全是「輿論」本身的功效，輿論的背後，是民國政治的高壓力量，魯迅的敏感，魯迅的多疑，魯迅雜文的曲筆和隱晦，乃至與現實人事的種種糾纏，莫不與對這高壓環境的見縫插針般的戳擊有關。當生存的不自由已經轉化成爲「日常生活」的一部分（所謂「報屁股看到的眞實」），成爲各色人等的「無意識」，點滴行爲的反抗可能比長篇大論的自由討論更具有「自由」的意味。這就是現代中國的基本現實，這就是民國輿論環境與文學空間所具有的歷史特徵。對比晚清和北洋軍閥時代，李歐梵先生認爲，1930 年代雖然「在物質上較晚清民初發達，都市中的中產階級讀者可能也更多，咖啡館、戲院等公共場所也都具備」，但公共空間的言論自由卻反而更小了。原因何在呢？他認爲在於像魯迅這樣的左翼「把語言不作爲『中介』性的媒體而作爲政治宣傳或個人攻擊的武器和工具，逐漸導致政治上的偏激文化（radicalization），而偏激之後也只有革命一途。」〔註27〕這裡涉及對左翼文化的反思，自有其準確深刻之處，但是，

〔註26〕李歐梵：〈「批評空間」的開創——從《申報》「自由談」談起〉，見《現代性的追求》，19、20 頁，三聯書店，2000 年。

〔註27〕李歐梵：〈「批評空間」的開創——從《申報》「自由談」談起〉，見《現代性的追求》，21 頁，三聯書店，2000 年。

就像現代中國社會的諸多「公共」從來都不是完全的民間力量所打造一樣，言論空間的存廢也與政府的強力介入直接關聯，左翼文化的鋒芒所指首先是專制政府，而對政府專制的攻擊，本身不也是一種擴大言論自由的有效方式？

作為方法的民國，意味著持續不斷地返回中國歷史的過程，意味著對我們自身問題和思維方式的永遠的反省和批判，只有這樣，我們的中國現代文學研究才是真正屬於自己的。

三

「民國作為方法」既然是在自覺尋找中國現代文學研究「自己的方法」的意義上提出來的，那麼，它究竟如何才能成為一種與眾不同的「方法」呢？或者說，它對中國現代文學研究具體有哪些著力點與可能開拓之處呢？我認為至少有這樣幾個方面的工作可以開展：

首先是為「中國」的學術研究設立具體的「時間軸」。也就是說，所謂學術研究的「中國問題」不應該是籠統的，它必須置放在具體的時間維度中加以追問，是「民國」時期的中國問題還是「人民共和國」時期的中國問題？當然，我們曾經試圖以「現代化」、「現代性」這樣的概念來統一描述，但事實是，兩個不同的歷史階段有著相當多的差異性，特別是作為精神現象的文學，在生產方式、傳播接受方式及作家的生存環境、寫作環境、文學制度等等方面都更適合分段討論。新時期文學曾經被類比為五四新文學，這雖然一度喚起了人們的「新啟蒙」的熱情，但是新時期究竟不是「五四」，新時期的中國知識分子也不是「五四」一代的陳獨秀、胡適與周氏兄弟，到後來，人們質疑 1980 年代，質疑「新啟蒙」，連帶五四新文化運動一起質疑，問題是經過一系列風起雲湧的體制變革和社會演變，「五四」怎麼能夠為新時期背書？就像民國不可能與人民共和國相提並論一樣；也有將「文革」追溯到「五四」的，這同樣是完全混淆了兩個根本不同的歷史文化情境。在我看來，今天的中國現當代文學研究，尚需要在已有的「新文學一體化」格局中（包括影響巨大的「20 世紀中國文學」）重新區隔，讓所謂的「現代」和「當代」各自歸位，回到自己的歷史情境中去，這不是要否認它們的歷史聯繫，而是要重新釐清究竟什麼才是它們真正的歷史聯繫。研究中國現代文學，就必須首先回到民國歷史，將中國現代文學作為民國時期的精神現象。晚清盡頭是民國，民國盡頭是人民共和國，各自的歷史場景講述著不同的文學故事。

其次是「中國」的學術研究也必須落實到具體的「空間場景」。「空間和時間是一切實在與之相關聯的架構。我們只有在空間和時間的條件下才能設想任何眞實的事物。」〔註28〕民國及其複雜的空間分佈恰恰爲我們重新認識中國問題的複雜性提供了基礎。在過去一個相當長的時期內，我們習慣將中國的問題置放在種種巨大的背景之上，諸如「文藝復興」、「啓蒙與救亡」、「中外文化衝撞與融合」、「中國傳統文化」、「現代化」、「走向世界文學」、「全球化」、「現代民族國家進程」等等，這固然確有其事，但來自同樣背景的衝擊，卻在不同的區域產生了並不相同的效果，甚至有些區域性的文學現象未必就與這些宏大主題相關。詩人何其芳在四川萬縣的偏遠山區成長，直到1930年代「還不知道五四運動，還不知道新文化，新文學，連白話文也還被視爲異端」。〔註29〕這對我們文學史上的五四敘述無疑是一大挑戰：中國的現代文化進程是不是同一個知識系統的不斷演繹？另外一個例證也可謂典型：我們一般都把白話新文學的產生歸結到外來文化深深的衝擊，歸結到一批留美留日學生的新式教育與人生體驗，所以「走異路，逃異地」的魯迅於1918年完成了〈狂人日記〉，留下了中國現代文學史上第一篇白話小說，但跳出這樣的中／西大敘事，我們卻可以發現，遠在內部腹地的成都作家李劼人早在尚未跨出國門的1915年就完成了多篇新式白話小說，這裡的文化資源又是什麼？

中國的學術問題並不產生自抽象籠統的大中國，它本身就來自各個具體的生活場景，具體的生存地域。有學者對民國文學研究不無疑慮，因爲民國不同於「一體化」的人民共和國，各個不同的政治派別、各個不同的區域差異比較明顯，更不要說如抗戰時期的巨大的政權分割（國統區、解放區及淪陷區）了，這樣一個「破碎的國家」能否方便於我們的研究呢？在我看來，破碎正是民國的特點，是這一歷史時期生存其間的中國人（包括中國知識分子）的體驗空間，只要我們不預設一些先驗的結論，那麼針對不同地域、不同生存環境的文學敘述加以考察，恰恰可以豐富我們的歷史認識。一個生存共同體，它的魅力並不是它對外來衝擊的傳播速度，而是內部範式的多樣性和豐富性，這就是我們所謂的「地方性知識」。民國時期的「山河破碎」，正好爲各種地方性知識的生長創造了條件，如果能夠充分尊重和發掘這些地方性知識視野中的精神活動與文學創造，那麼中國的現代文學研究也將再添不少新的話題、新的意趣。

〔註28〕（德）恩斯特‧卡西爾：《人論》，73頁，甘陽譯，西苑出版社，2003年。
〔註29〕方敬、何頻伽：《何其芳散記》，22頁，四川教育出版社，1990年。

　　「破碎」的民國給我們的進一步的啓發可能還在於：區域的破碎同時也表現爲個人體驗的分離與精神趣味的多樣化。當代中國的大衆文化曾經出現了所謂的「民國熱」，在我看來，這種以時尚爲誘導、以大衆消費爲旨歸，充滿誇張和想像的「熱」需要我們深加警惕，絕不能與嚴肅的歷史探詢相混淆。其中唯一值得肯定的便是某種不滿於頹靡現狀，試圖在過去發掘精神資源的願望。今天的人們也或多或少地感佩於民國時代知識分子精神狀態的多樣性，如魯迅、陳獨秀、胡適一代新文化創造者般的不完全受縛於某種體制的壓力或公衆的流俗的精神風貌。〔註30〕的確，中國現代作家精神風貌的多姿多彩與文學作品意義的多樣化迄今堪稱典範，還包括新／舊、雅／俗文學的多元並存。對應於這樣的文學形態，我們也需要調整我們固有的思維模式，未來，如果可能完成一部新的文學發展史的話，其內容、關注點和敘述方式都可能與當今的文學史大爲不同。

　　第三，「作爲方法的民國」的研究並不同於過去一般的歷史文化與文學關係的研究，有著自己獨立的歷史觀與文學觀。中國現代文學研究不乏從歷史背景入手的學術傳統，包括傳統文學批評中所謂的「知人論世」，包括中國式馬克思主義的社會歷史批評，也包括新時期以後的文化視角的文學研究。應該說，這三種批評都是有前提的，也就是說，都有比較明確、清晰的對歷史性質的認定，而文學現象在某種意義上都必須經過這一歷史認識的篩選。「知人論世」往往轉化爲某種形式的道德批評，倫理道德觀是它篩選歷史現象的工具；中國式馬克思主義的社會歷史批評在新中國建立後相當長的時間中表現爲馬克思主義普遍原理的運用，有時難免以論帶史的弊端；文化視角的文學研究曾經爲我們的研究打開了許多扇門與窗，但是這樣的文化研究常常是用文學現象來證明「文化」的特點，有時候是「犧牲」了文學的獨特性來遷就文化的整體屬性，有時候是忽略了作家的主觀複雜性來遷就社會文化的歷史客觀性——總之，在這個時候，作爲歷史現象的文學本身往往並不是我們呈現的對象，我們的工作不過是借助文學說明其它「文化」理念，如通過不同地域的文學創作證明中國區域文化的特點，從現代作家的宗教情趣中展示各大宗教文化在中國的傳播，利用文學作品的政治傾向挖掘現代政治文化在文學中的深刻印記等等。

〔註30〕丁帆先生另有「民國文學風範」一說可以參考，他說：「我所指的『民國文學風範』就是五四新文學傳統，特指五四前後包括俗文學在內的『人的文學』內涵。」見丁帆：〈「民國文學風範」的再思考〉，《文藝爭鳴》第 7 期，2011 年。

　　「作爲方法的民國」就是要尊重民國歷史現象自身的完整性、豐富性、複雜性，提倡文學研究的歷史化態度。既往的中國現代文學研究充斥了一系列的預設性判斷，從最早的「中國新文學是反帝反封建的文學」、「五四新文學運動實施了對舊文學摧枯拉朽般的打擊」、「中國現代文學的發展與歷史的進步方向相一致」，到新時期以後「中國現代文學是走向世界的文學」、「中國現代文學是現代性的文學」、「20 世紀中國文學的總主題是改造民族靈魂，審美風格的核心是悲涼」等等。在特定的時代，這些判斷都實現過它們的學術價值，但是，對歷史細節的進一步追問卻讓我們的研究不能再停留於此，比如回到民國語境，我們就會發現，所謂「封建」一說根本就存在「名實不符」的巨大尷尬，文學批評界對「封建」的界定與歷史學界的「封建」含義大相徑庭，「反封建」在不同階段的眞實意義可能各各不同；已經習用多年的「進步作家」、「進步文學」究竟指的是什麼，越來越不清楚，在包括抗戰這樣的時期，左右作家是否涇渭分明？所謂「右翼文學」包括接近國民黨的知識分子的寫作是不是一切都以左翼爲敵，它有沒有自己獨立的文學理想？國民黨專制文化是否鐵板一塊，其內部（例如對文學的控制與管理）有無矛盾與裂痕？共產黨的革命文學是否就是爲反對國民黨和「舊社會」而存在，它和國民黨的文學觀念有無某些聯通之處？被新文學「橫掃」之後的舊派文學是不是一蹶不振，漸趨消歇？因爲，事實恰恰相反，它們在民國時代獲得了長足的發展，並演化出更爲豐富的形態，這是不是都告訴我們，我們先前設定的文學格局與文學道路都充滿了太多的主觀性，不回到民國歷史的語境，心平氣和地重新觀察，文學中國（文學民國）的實際狀況依然混沌。

　　這就是我們主張文學研究「歷史化」，反對觀念「預設」的意義。當然，反對「預設」理念並不等於我們自己不需要任何理論視角，而是強調新的研究應該比以往任何時候都尊重民國社會歷史本身的實際情形，研究必須以充分的歷史材料爲基礎，而不應當讓後來的歷史判斷（特別是極左年代的民國批判概念）先入爲主，同時，時刻保持一種自我反思、自我警醒的姿態。回到民國，我們的研究將繼續在歷史中關注文學，政治、經濟、法律、教育等等議題都應當再次提出，但是與既往的研究相比，新的研究不是對過去的拾遺補缺，不是如先前那樣將文學當作種種社會文化現象的例證，相反，是爲了呈現文學與文化的複雜糾葛，不再執著於概念轉而注重細節的挖掘與展示。例如「經濟」不是一般的政治經濟學原理，而是具體的經濟政策、經濟

模式與影響文學文化活動的經濟行為，如出版業的運作、經濟結算方式；「政治」也不僅僅是整體的政治氛圍概括，而是民國時期具體的政治形態與政治行為，憲政、政黨組織形式，官方的社會控制政策等等；在文學一方面，也不是抽取其中的例證附著於相應的文化現象，而是新的創作細節、文本細節的全新發現。回到文學民國的現場，不僅是重新理解了民國的文化現象，也是深入把握了文學的細節，這是一種「雙向互犁」的研究，而非比附性的論證說明。例如茅盾創作《子夜》，就絕非一個簡單的「中國道路」的文學說明，它是 1930 年代中國經濟危機、社會思想衝突與茅盾個人的複雜情懷的綜合結果。解析《子夜》決不能單憑小說中的理性表述與茅盾後來的自我說明，也不能套用新民主主義論的現成歷史判斷，而必須回到「民國歷史情境」。在這裡，國家的基本經濟狀況究竟如何，世界經濟危機與民國政府的應對措施，各種經濟形態（外資經濟、民營經濟、買辦經濟等）的真實運行情況是什麼，社會階層的生存狀況與關係究竟怎樣，中國現實與知識界思想討論的關係是什麼，文學家茅盾與思想界、政治界的交往，茅盾的深層心理有哪些，他的創作經歷了怎樣的複雜過程，接受了什麼外來信息和干預，而這些干預又在多大程度上改變了茅盾，茅盾是否完全接受這些干預，或者說在哪一個層次上接受了、又在哪一個層次上抵制了轉化了，作家的意識與無意識在文本中構成怎樣的關係等等，這樣的「矛盾綜合體」才是《子夜》，「回到民國歷史」才能完整呈現《子夜》的複雜意義。

民國作為方法，當然不會拒絕外來的其它文學理論與批評視角，但是，正如前文所說，這些新的理論與批評不能理所當然就進入中國現代文學研究之中，它必須能夠與文學中國——民國時期的文學狀況相適應，並不斷接受研究者的質疑和調整。例如，就我們闡述的歷史與文學互通、互證的方法而言，似乎與歐美的近半個世紀以來的「文化研究」頗多相近，因此不妨從中有所借鑒，但是，在另外一方面，我們必須認識到，歐美的「文化研究」的具體問題——如階級研究、亞文化研究、種族研究、性別研究、大眾傳媒研究等——都來自與中國不同的環境，自然不能簡單移用。對於我們而言，更重要的可能就是一種態度的啟示：打破了文學與各種社會文化之間的間隔，在社會文化關係版圖中把握文學的意義，文學的審美個性與其中的「文化意義」交相輝映。

作為方法的民國，昭示的是中國現代文學研究「學術自主」的新可能，

它不是漂亮的口號，而是迫切的學術願望，不是招搖的旗幟，而是治學的態度，不是排斥性的宣示，而是自我反思的眞誠邀請，一句話，還期待更多的研究者投入其中，以自己尊重歷史的精神。

序言：發現日本與發現自己

李　怡

　　2015 年春，就在福岡櫻花初放的時節，「清末民初期赴日中國留學生與中國現代文學日中學術研討會」在九州大學召開。三十餘位中日學者濟濟一堂，就留學生眼中的現代文學問題深入討論，這本文集就是這一次會議的成果。

　　翻閱著這些即將出版的文字，我不禁浮想聯翩，彷彿回到了清末民初那個競相東渡的時代。平心而論，無論歷史事實還是現實評價，這一段文學的歷史和求學的歷史都不是那麼簡單。

　　在被有的學者稱爲「以留學生文化爲基礎」的二十世紀中國，〔註1〕如果說留學英美的中國知識分子主要是爲我們帶回了一系列自成體系的西方文化資源，那麼留學日本的中國知識分子卻常常陷入到了一種難以言述的文化糾纏與生存糾纏當中：日本是他們的受業之鄉，但卻不時令他們飽嘗屈辱，日本的文化並不能休憩他們躁動的靈魂；中國是他們靈魂的故里，但在中國當局的眼裏，他們卻又是一群可怕的叛逆；從留日學者梁啓超的〈敬告留學生諸君〉〔註2〕到留日學生李書城的〈學生之競爭〉，〔註3〕留日學界的刊物以及留日學生在國內刊物發表的文章中，隨處可見關於「留學生文化」的激情闡發，幾乎所有的留日青年知識分子都以「新中國之主人翁」、「一國最高最重之天職」自我期許，然而，他們又分明無法如許多英美留學生那樣潛心學

〔註1〕王富仁：〈影響 21 世紀中國文化的幾個現實因素〉，《戰略與管理》1997 年第 2 期。

〔註2〕見《梁啓超全集》第 2 冊，北京出版社，1997 年版。

〔註3〕原載《湖北學生界》1903 年第 2 期。

業，篤信「非求學問之程度倍蓰於歐美日本人，不足以為用於中國」，〔註4〕集會、罷課、退學、肄業回國以至革命、暗殺之類倒似乎成為了他們留學生涯中層出不窮的大事，梁啓超提醒留學生注意培養「學校外之學問」，留學生也表示「勿為學問之奴隸」，〔註5〕劉師培專門為「留學生為叛逆」正過名，他的「正名」卻是公開標舉了「排滿」革命的正義性。〔註6〕留日中國學者與學生的騷動不安與那些似乎「溫良恭儉」的學者般的英美「海歸」派的確形成了鮮明的對照，他們的生存姿態很容易讓我們想到魯迅所論及的「摩羅詩力」。

1907 年，魯迅在日本寫下了著名的〈摩羅詩力說〉，在這篇文章裏，他滿懷激情地描述了被稱為「摩羅詩派」的人們：

摩羅之言，假自天竺，此云天魔，歐人謂之撒旦，人本以目裴倫（G·Byron）。今則舉一切詩人中，凡立意在反抗，指歸在動作，而為世所不甚愉悅者悉入之……凡是群人，外狀至異，各稟自國之特色，發為光華；而要其大歸，則趣於一：大都不為順世和樂之音，動吭一呼，聞者興起，爭天抗俗，而精神復深感後世人心，綿延至於無已。〔註7〕

假如我們有意忽略魯迅這裡的文學史指意而僅僅作文字的欣賞，那麼，這樣摩羅詩人彷彿就是當年那些「浮槎東渡」的留日中國學生：他們認定「我中國今日欲脫滿洲人之羈縛，不可不革命，我中國欲獨立，不可不革命，我中國欲與世界列強并雄，不可不革命，我中國欲為地球上強國，不可不革命。」〔註8〕他們高吟「或排滿，或革命，捨死做去」，慷慨赴死。〔註9〕連女性也是如此的桀驁不馴、豪氣干雲：「吾輩愛自由，勉勵自由一杯酒。男女平權天賦說，豈甘居牛後？」「雙臂能將萬人敵，平生意氣凌雲霄」〔註10〕雖然按照魯迅的原意，作為「精神界之戰士」的摩羅詩人並不是他們，而且嚴格

〔註4〕 梁啓超：〈敬告留學生諸君〉，《梁啓超全集》第 2 冊，北京出版社，1997 年版，第 962 頁。

〔註5〕 〈勿為學問之奴隸〉，《直說》1903 年 2 月 13 日第 1 期。

〔註6〕 申叔（劉師培）：〈論留學生之非叛逆〉，《蘇報》1903 年 6 月 22 日。

〔註7〕 《魯迅全集》第 1 卷，人民文學出版社，1981 年版，第 66 頁。

〔註8〕 鄒容：〈革命軍〉，《辛亥革命（二）》，上海人民出版社，1957 年版，第 333 頁。

〔註9〕 陳天華：〈猛回頭〉，《辛亥革命（二）》，上海人民出版社，1957 年版，第 167 頁。

〔註10〕 分別見秋瑾〈勉女權歌〉、〈日本鈴木文學士寶刀歌〉。

說來也非中國當下的「現實」，但是我們卻同樣很難否認 20 世紀初年活躍在魯迅周圍的這些中國留學生所給予魯迅的感染，「立意在反抗，指歸在動作」，「爭天抗俗」，這不同樣也是魯迅和他前前後後的留日中國同學所共同的精神追求？

從 1902 年成城學校入學事件到 1905 年的反對「取締規則」運動，從紀念「支那亡國」到同盟會的反清鬥爭，從反對「二十一條」到左翼文藝運動，這些滿懷雄心壯志「浮槎東渡」卻又憂憤、屈辱、受難和敏銳的中國留日學生們，爲了生存，爲了民族，爲了尊嚴，曾經進行過多麼激越的掙扎、多麼殊死的搏鬥，他們，曾經就是現代中國的第一批「精神界之戰士」，就是中國文化的「摩羅」。

在 20 世紀中國文化與中國文學的發展史中，就曾活躍著這樣一批又一批的「摩羅」們的身影。作爲當年留日學生中的一員，賈植芳先生以「歷史見證人」的心態生動地描述過留日學生與中國現代文學的關係。他將從清末以來至抗戰的中國留日學生分作五代，以魯迅、周作人、陳獨秀、錢玄同、蘇曼殊、歐陽予倩等爲第一代，以創造社諸君爲第二代，以五四以後赴日的穆木天、夏衍、豐子愷、謝六逸、彭康、朱鏡我等爲第三代，以大革命失敗後前往日本的如任鈞、胡風、周揚等爲第四代，以三十年代中期前後留日的如覃子豪、林林等爲第五代。與留學英美的中國學生相比，賈植芳先生認爲這幾代留日學生（作家）的顯著特點就在於他們所表現出來的政治態度的「激進」：「在五四初期，留日學生激進地主張批孔、批三綱五常，反對封建傳統，嚮往朦朧的社會主義（包括無政府主義理想）；在二十年代以後，留日學生激進地提倡馬克思主義，提倡『普羅文學』，反對國內國民黨的獨裁專制和白色恐怖，推動了左翼文學運動，這其中包括創造社的前後期主要人物，三十年代左聯以魯迅先生爲首的主要領導幹部周揚、夏衍、田漢、胡風等人。他們在文學創作上，敢於大膽地暴露個性的眞實，敢於發表驚世駭俗的言論，批評現狀無所顧忌。」〔註11〕這樣的「激進」，也就是我們所謂的摩羅精神。摩羅精神貫穿了現代中國留日作家的好幾代人，可以說已經構成了中國現代文學的重要「精神傳統」。

今天，在世紀之交，隨著中國文化與中國文學發展狀況的變化，留日中國知識分子的這一獨立性似乎已經喪失，倒是與之相異的英美「海歸」派繼

〔註11〕賈植芳：〈中國留日學生與中國現代文學〉，《中國比較文學》1991 年第 1 期。

續在中國社會的發展中扮演著他們固有的「知識精英」角色，而曾經構成中國現代文學傳統的摩羅精神則在「現代性質疑」與英美「海歸」派的文化壓力之下搖搖欲墜，所謂的「文化激進主義」不正到處遭人痛斥嗎？然而，這一切是否就那麼的「理所當然」？我們是否真的只能在「大江東去」的感歎中接受歷史「轉折」的現實？中國現代文學的精神傳統是否就應當按照今天英美學術的「規範」進行重寫？這都是一些難以解決卻又必須解決的問題。正是這些問題提醒我們再次回望歷史，重新在歷史自我演化的程序裏詳加辨析，究竟是什麼構成了中國現代文化與文學的內在脈絡？究竟是什麼可能對歷史造成更大的遮蔽與扭曲？在中國現代文學發生發展的歷史中，究竟曾經發生過什麼？究竟什麼是所謂的「激進」？什麼又是中國現代文學發展中彌足珍貴的傳統？〔註 12〕一句話，清末民初的留日中國學生如何開始了中國現代文學與現代文化的新的建構？在發現日本的同時如何反過來促使我們發現了自己？

　　這都是一些重要的需要我們持續性研究的話題，這樣的研討還有必要繼續下去。寫到這裡，我不由得想起了會議的主辦人岩佐昌暲教授，想到他在會議期間忙碌的身影和細緻的安排，那種細緻周到的程度就如同他的學術論文一樣。這位滿頭白髮的日本老人，從文革期間第一次踏上中國的土地開始，就幾十年如一日地致力的中日文化交流，爲中國文學研究貢獻良多，這一次的會議經費，其中相當部分就來自他的個人授課收入。面對這樣可愛可敬的前輩，我一時不知道怎樣來表達我的感情。在中日關係出現某些波折的時候，我們有過誠摯的交流，讀過他憂心忡忡的郵件。此情此景，我們彷彿再一次回到了上世紀初年，兩個民族「扯不斷理還亂」的糾纏讓人百感交集。我相信，作爲目睹過中日文化交流歷史的我們，總會以智慧和理性走過每一個現實的關節點，去創造一個文明共享的未來。

2016 年新年於北京師範大學

〔註 12〕具體論述請參見拙作：《日本體驗與中國現代文學的發生》，北京大學出版社，2009 年。

目次

上　冊

序言：發現日本與發現自己　李怡 ⋯⋯⋯⋯⋯ 序1

總　論 ⋯⋯⋯⋯⋯⋯⋯⋯⋯⋯⋯⋯⋯⋯⋯⋯ 1

　留學與異文化認識　藤田梨那 ⋯⋯⋯⋯⋯ 3

　日本體驗與近代中國文學　彭超 ⋯⋯⋯⋯ 15

清末民初日中留學政策／制度 ⋯⋯⋯⋯⋯ 29

　清末早期的留日政策與郭開文的日本留學——
　　兼論郭沫若兄弟日本留學研究中所遇到的幾
　　個問題　劉建雲 ⋯⋯⋯⋯⋯⋯⋯⋯⋯⋯ 31

　清末民初中日教育交流的初始意義——兼論郭
　　沫若留日經歷對其參與新文化運動的影響
　　錢曉宇 ⋯⋯⋯⋯⋯⋯⋯⋯⋯⋯⋯⋯⋯⋯ 49

　東文學堂與清末民初文學　王學東 ⋯⋯⋯ 66

郭沫若的留日影響 ⋯⋯⋯⋯⋯⋯⋯⋯⋯⋯ 75

　騷動的「松」與「梅」——留日郭沫若的自然
　　視野　李怡 ⋯⋯⋯⋯⋯⋯⋯⋯⋯⋯⋯⋯ 77

　「留日」與「留歐」派詩人眼中的日本——以
　　郭沫若與徐志摩的〈留別日本〉為例　裴亮 ⋯ 89

　留學日本的時空體驗與郭沫若早期詩歌的時空
　　意識　湯巧巧 ⋯⋯⋯⋯⋯⋯⋯⋯⋯⋯⋯ 103

　家庭敘事與郭沫若早期小說研究　顏同林 ⋯⋯ 113

　論郭沫若對聞一多的政治評價和學術論定
　　劉殿祥 ⋯⋯⋯⋯⋯⋯⋯⋯⋯⋯⋯⋯⋯⋯ 127

下　冊

中國現代文學作品中的日本因素 ⋯⋯⋯⋯⋯ 141

　清末民初旅日文人與中日「武俠」因緣　吳雙 ⋯ 143

　中國的「革命文學」與日本普羅文學——《小
　　說月報》《語絲》考察　王雲燕 ⋯⋯⋯⋯ 157

　有關夏衍五幕話劇《法西斯細菌》的史料考察
　　——作品主人公人物原型兼考　武繼平 ⋯⋯ 171

孫俍工：一個跨文化實踐個體的文學生涯
　　李俊傑 ································· 187

從東京回到武漢——革命文學興起的大革命背
景與日本因素辨析　張武軍 ·············· 205

省城，他鄉，革命：李劼人的《大波》系列
　　鄭怡 ··································· 219

中國近代藝術中的日本因素 ················· 229
日本經驗與中國近代學堂樂歌的發生　傅宗洪 ·· 231

從劉錦堂（王悅之）看日中臺現代藝術之關係
　　呂采芷 ································· 267

張維賢的戲劇實踐與藝術觀　間扶桑子 ······ 281

日本現代漢學的成立與留學
　　——以九州帝國大學的教授們為例 ········· 293
周作人、錢稻孫與九州學者　吳紅華 ·········· 295

1930 年代北京的學術交流——目加田誠《北平
日記》簡介　靜永健 ······················· 311

一九三〇年代的北京舊書店——從目加田誠留
學日記《北平日記》開始追述　稻森雅子 ······ 317

濱一衛 1930 年代留學中國考論——以其觀劇
活動及原始資料考察為中心　中里見敬 ········ 327

資料／照片 ································· 339
「清末民初期赴日中國留學生與中國現代文
學」日中學術研討會——邀請函 ············· 343

「清末民初期赴日中國留學生與中國現代文
學」日中學術研討會——日程・會議程序 ······ 345

參加者名簿 ································· 349

後　記　岩佐昌暲 ························· 351

總　論

留學與異文化認識

藤田梨那

〔摘要〕清末民初中國人開始走向海外、求學他國，引發起一個有史以來未曾有的異文化交流的大潮流。留學的主要目的就是學習現代文明技術，以求富國強兵，因此當時的留學多以實學爲主。然而在學習實學的過程中必然又在精神方面受到了異文化的影響。本文從英語的影響、西方現代思想的啓發以及風景的發現的角度論證胡適、郭沫若的留學與對新文學的思考、實踐的意義。闡述言文一致的新詩運動其功績就在於它開創了新的認識世界和表現世界，將古典的文學概念、語言概念做了一個根本的顚倒。中國新文化的誕生和發展都與這個時代留學海外的知識分子的努力有著緊密的關聯。

〔關鍵詞〕留學、異文化、異語境、風景

一、清末民初海外留學的背景與特點

　　清末民初中國人開始走向海外、求學他國，引發起一個有史以來未曾有的異文化交流的大潮流。它的開端應追溯到 19 世紀亞洲各國特別是中國與日本之間發生的力量關係的變化。從清末開始，中國經歷了幾場戰爭，1840 年鴉片戰爭以後中國逐步淪為半殖民地國家。經過 1894 年甲午戰爭、1904 年日俄戰爭，日本開始在亞洲擴張它的勢力。1914 年至 1919 年的第一次世界大戰、1931 年的滿州事變使中國更深地陷入殖民地狀態。在亞洲，中日韓三國的關係顯著地標誌著東亞各國力量關係的變化。日本自古以來一直受著中國文化的影響，遣隋使、遣唐使前後多次到中國留學，江戶時代對歐洲各國又採取了鎖國政策。但明治維新以後日本快速引進西方文化與文明，打出脫亞入歐的口號，開始現代化的發展。經甲午戰爭和日俄戰爭，日本在軍事力量上的強大得到了證實，於是更大膽地開始向亞洲各國施展勢力。與此相對，仍處在王朝時代的中國，政治腐敗，經濟衰弱，失去了它以往的威力，日中兩國的力量關係形成了一個倒置。在這種情況下，中國的知識分子開始焦慮，開始反省。他們探討救國救民的方法，特別注視了日本的明治維新，發現從日本的明治維新可以汲取加快近代化發展的因素。於是很多知識分子開始赴日留學。可以說，中國人開始走向海外，主要是基於這種現代化的焦慮。清末民初中國人留學的主要目的就是學習現代文明技術，以求富國強兵，因此當時的留學多以實學為主。

　　然而留學生由於他們的文化主體性的緣故，在學習實學的過程中必然又在精神方面受到了異文化的影響。正如賽義德在《知識分子論》中論及海外流亡時指出的那樣，「亡命使知識分子變成與來自權力、故鄉－內在－存在的種種安慰無緣的周邊存在」，但「流亡者有兩個視點：過去留下的和現在存在的雙重透視的視點。」〔註 1〕雖然留學與流亡在政治意義上完全不同，然而在從自己所屬的文化「中心」步入「周邊」，及與此俱來的文化審視上二者是相同的。這種雙重透視的視點促使了中國知識分子的自我反省，使他們從中汲取了發展自己的線索。

　　中國知識分子在留學過程中體驗了精神上的自我反省和對異文化的審視，這種體驗在思想上、精神上、文學上都為中國現代化發展起了極大的促

〔註 1〕　賽義德：《知識分子論》，大橋洋一譯，平凡社，第 98 頁，引用部分筆者譯。

進性作用。中國的新文化運動在很大程度上受了來自異文化的影響。比如，魯迅撰寫《摩羅詩力說》是在日本；胡適嘗試新詩是在美國，他的「反抗」和「動作」都處在被「逼上梁山」的孤獨中；郭沫若的《女神》則誕生於日本。他們無一不身處遙遠的異國他鄉，在生疏風土的邊緣開始向新文學邁出第一步。

二、胡適的「言文一致」的指向

　　形象與聲音的優劣位置的顛覆是東西現代文學起步的原點。日本自古以來受著中國文化的影響，從奈良時代到今天，漢字在日語書寫中一直占重要的地位。明治時代日本現代文學以「言文一致」運動揭開了它的序幕，這是語言制度的一次大革命，它的目的就是要壓抑「形象」──漢字，樹立聲音的優位。文學書寫打破了延續已久的漢文形式，開始摸索最貼近內在聲音的表現形式。小說方面，志賀直哉、夏目漱石、國木田獨步等他們的口語書寫奠定了現代小說的基礎；詩歌方面，上田敏、島崎藤村等打開了現代詩歌的大門。到大正時代日本現代文學已爭得它的存在權，進入快速發展的軌道。

　　中國現代文學也始於白話運動，在詩歌方面，20 世紀初期胡適和五四新文化運動的主將們就開始摸索新詩的突破口。胡適最早在美國留學期間就開始新詩嘗試，他之所以要嘗試新詩，就是從英語的發展史汲取了啓發。〈文學改良芻議〉（1917 年）、〈歷史的文學觀念論〉（1917 年）、〈建設的文學革命論〉（1918 年）、〈談新詩〉（1919 年）都是白話文運動和新詩運動的草創性論文。他關注了語言和詩歌的音律問題。口語詩歌雖在古代各個時代都可見其零星的存在，但格律詩一直占著主流。胡適第一次以歷史的觀點向文言詩書寫提出挑戰，他重視語言的演變，認爲「死文字決不能產生活文學」，決意創建新的語言制度。在〈談新詩〉中他指出：「中國近年的新詩運動可算是一種『詩體的大解放』。因爲有了這一層詩體的解放，所以豐富的材料，精密的觀察，高深的理想，複雜的感情，方才跑到詩裡去。五七言八句的律詩決不能容豐富的材料，二十八字的絕句決不能寫綿密的觀察，長短一定的七言五言決不能委婉地表達出高深的理想與複雜的感情。」〔註 2〕他追求以現代的語言、自然的音節直表實地的材料、觀察、理想和感情，打破既成的固定形式

〔註 2〕 胡適：〈談新詩〉，《胡適全集》第一卷所收，第 159 頁。

和概念，反對典型化。胡適的新詩觀點中最重要的可以說是「歷史的文學觀念」，認爲文學隨時代而變遷，「各個時代的文學各因時勢風會而變，各有其特長，」因而「以進化論之眼光觀之，決不可謂古人之文學皆勝於近人」。〔註 3〕他的新文學思想多受了進化論和美國試驗主義的影響，「歷史的文學觀念」導入了西方的科學觀點，在以往的中國文學史上是從未有過。對詩歌的節奏他用了心理學的手法作了具體的分析，在詩歌的表現問題上，他提倡「語氣的自然節奏」和「用字的自然和諧」。〔註 4〕《嘗試集》是胡適爲實現他的新詩理想所作的大膽創新，那裡的詩歌大多都是分行，不拘泥平仄與腳韻的口語詩。

三、郭沫若的留學與「風景」的發現

郭沫若留學日本十年，他曾在東京第一高等學校、岡山第六高等學校、九州帝國大學學習，留學體驗可大致歸納爲一下幾點：

1. 自由戀愛，結識日本女子佐藤富子
2. 接觸現代文明（醫學、自然科學）
3. 接觸日本和西方文學。歌德、泰戈爾、惠特曼、彌勒、羅丹、等等。
4. 接觸自然，發現風景

筆者認爲郭沫若在日本留學中獲得的最大收穫之一就是對「風景」的發現。他在〈自然的追懷〉中回憶那段體驗說：「我的文學活動期是九州大學當學生生活時，那時候我大多以日本的自然與人事作爲題材的。這時期所寫的東西大概是以新的形式來發表的。」〔註 5〕他開始接觸自然其實更早，開始於他來日本的那一年──1914 年。這一年夏天他用了半年的努力考上了東京第一高等學校，獲得了官費獎勵學金。於是他到千葉縣的房總北條海濱去度假。在那裡，他生來第一次體驗了游泳，又第一次體驗了愉快的海濱生活。在《自然的追懷》中，我們可以看到他對鏡浦海濱的記述，寬闊的大海、清澈的空氣、美麗的月亮，寧靜的夜晚，這些都使他感到舒暢、愉快。如鏡子一樣平穩的鏡浦無疑是映入他意識中的一個「風景」，這「風景」使他聯想到最親切

〔註 3〕 胡適：〈文學改良芻議〉，《胡適全集》第一卷所收，安徽教育出版社，第 6 頁。
〔註 4〕 胡適：〈談新詩〉，《胡適全集》第一卷所收，第 168 頁。
〔註 5〕 郭沫若：〈自然的追懷〉，《郭沫若佚文集》上所收，四川大學出版社，第 226 頁。

的故鄉山水。峨嵋山的風景對他來講，決不是一般的自然，而是擁有特殊感情的「風景」，但這家鄉的「風景」卻是在離家鄉遙遠的異國他鄉感受到的。此時此刻峨嵋山的風景第一次以「內在風景」的面目出現在他面前。

除了游泳之外，登山也是一個嶄新的體驗。他留日的時候正是日本「大正登山熱」時期，日本民眾從中學生到大學生以至一般民眾都紛紛湧向高山，登山運動成為一個社會熱潮。當時的報刊上每天都可見到登山報導。現代登山擺脫了那以前的宗教修行的性質，成為一種體育運動，它的目的就是要征服山頂，同時也為人們打開了走進自然的大門。郭沫若的留學生活正是浸在這樣一個社會熱潮中。他在給父母的書信中所說「歐洲人最喜登山，近來日本亦大獎勵此舉」〔註6〕正反映了當時的社會現象。在登山過程中他睜開了認識自然，認識風景的眼。他在〈今津紀遊〉的開首也承認：「我是生長在峨眉山下的人，在家中過活了十多年，卻不曾攀登過峨眉山一次。如今身居海外，相隔萬餘里了，追念起故鄉的明月，渴想著山上的風光，」〔註7〕他對故鄉明月的追念，對山上風光的渴望都啟蒙於留日體驗。也就是說風景的發現即刻打開了溯源自己原初風景的窗口，故鄉的風景才第一次出現在他的內心世界。1915 年他轉到岡山第六高等學校，在那裡他幾次登東山和操山。進入九州帝國大學後，他又喜歡登太宰府的山、門司的筆立山。還多次寫信提議家人登峨眉山。

郭沫若在日留學十年，從東京到九州曾幾次遷徙，千葉縣的房總海濱、岡山的東山、操山、操山和旭川河、四國的瀨戶內海、九州的十里松原和博多海灣、門司的筆立山、太宰府的風景，這些都出現在他的詩歌中。日本各地的自然美使他幾次與「風景」邂逅，為何說「邂逅」？就是因為每次相遇的「風景」裡都連帶了故鄉山水的記憶，如《櫻花書簡》中的幾封信，如《女神》中的〈光海〉等詩篇。

日本現代文學評論家柄谷行人曾指出：「參與現代文學史研究的文學史家們以為『現代自我』是在腦子裡既有的東西，但實際上『自我』的存在還需要另外一些條件。客觀物毋寧是產生在風景之中的，主觀或自我也是如此。主觀·客觀之認識論的場所成立於『風景』之中，也就是說二者都派生於

〔註6〕 郭沫若：《櫻花書簡》1917 年 5 月 23 日致父母信，四川人民出版社，1981 年，第 126 頁。

〔註7〕 郭沫若：〈今津紀遊〉，《郭沫若全集》第 12 卷，人民文學出版社，第 305 頁。

『風景』。」〔註8〕這裡所說的「風景」英語為 landscape，它成立於觀者與被觀者的關係之中，二者以特定的方式相遇時所發生的表象即是「風景」。它關聯著認識論的問題。黑格爾，浮撒爾，海德卡的現象學中外界物與認識論的關聯是一個重要的課題。法國精神病理學家 J.H Van ben Berg 則將現象學哲學導入心理學領域，闡述了現代「自我」與「風景」發現之間密不可分的內在關係。〔註9〕

風景以前就有，但我們能感知它並不是視覺的問題，而是需要通過一個對優位性概念的顛倒才能實現，既「風景」的發現不是在由過去到現在的直線性的歷史中，而是在一個顛倒的時間中得以實現的。現代以前的人們對「風景」可謂未曾認識。古典文化的既成概念遮蔽了人們的眼睛，人們看的不是現實的風景，而常常是文字裡的概念性的風景。南畫中的山水大多是概念性的象徵物；古典詩中的風景亦是如此，人們刻意在文字表現上下工夫，力圖在對仗、押韻和寓意上完成風景的象徵使命。

胡適在《新青年》上發表提倡白話文的時候，郭沫若正在日本留學。1919年（大正 8 年）五四運動暴發時郭沫若正在九州帝國大學學習，此時他雖沒有親身體驗新文化運動，沒有讀過胡適的〈文學改良芻議〉、〈歷史的文學觀念論〉、〈談新詩〉，但他也經歷了一場暴飆突進的詩興的襲擊，開始他的新詩摸索，《女神》便誕生在這個時期。

郭沫若對新詩的發蒙始於留日之前，民國 2 年他在高等學校讀到了美國詩人朗費洛 Longfellow 的詩〈箭與歌〉時，第一次接觸那平易的英語書寫，使他感到「異常清新，就好像第一次才和「詩」見了面」，那簡單的對仗反覆，使他「悟出了詩歌的真實的精神」。〔註10〕他所感到的「清新」自然與他早已記得爛熟但卻不甚理解其美感的中國古詩形成鮮明的對照。在日本，後他讀了泰戈爾、海涅、惠特曼的詩，對這些詩歌的「清新」「平易」「明朗」大感吃驚。他所驚訝的不僅是那詩歌的情調，那「沒有韻腳」、「定型反覆的散文」文體也大開了他的眼界。可以說，《女神》中一首首詠山、詠海、詠愛、詠悲哀的詩歌都受了這種西方詩歌的刺激。當然需要注意的是英文詩歌的影響並不限於他的新詩寫作，也不意味著他自此拋棄中國古典詩歌，實際上對西方

〔註8〕 柄谷行人：《日本近代文學的起源》，講談社，1983 年，第 37～41 頁，引用部分筆者譯。
〔註9〕 J. H Van ben Berg "The Changing Nature of Man", P.157-158.
〔註10〕 郭沫若：〈我的作詩的經過〉，《郭沫若全集》第 16 卷所收，第 211 頁。

詩歌的感受反而啓迪他發現了古典詩歌的美感。在創作口語詩的同時，他還寫了很多古典詩。

郭沫若在詩歌創作上實現了兩個突破，一是形式的突破；一是對詩歌本質內涵的突破。而二者在他的詩裡都呈現著對「記號論布置的顚倒」。他認爲「藝術是從內部發生。是靈魂與自然的結合。」〔註11〕在《三葉集》中他與田漢、宗白華討論了詩歌的起源和它的本質，這裡傳達著《女神》時期他對新詩的理解。他說：「我們的詩只要是我們心中的詩意詩境底純眞的表現，命泉中流出來的 Strain，心琴上彈出的 Melody，生底顫動，靈底喊叫；那便是眞詩，好詩」。〔註12〕他提出「詩的原始細胞只是些單純的直覺，渾然的情緒。」〔註13〕他把直覺比作「細胞核」，把情緒比作「原形質」，把形式比作「細胞膜」，「細胞膜」從「原形質」中分泌出來。他反對在形式上因襲他人已成的形成，主張形式上「絕端的自由，絕端的自主」。在《三葉集》中給宗白華的信中指出：「詩的生成，如像自然物的生存一般，不當參以絲毫的矯揉造作。新詩的生命便在這裡。古人用他們的言辭表示他們的情懷，已成爲古詩，今人用我們的言辭表示我們的生趣，便是新詩，詩的文字便是情緒自身的表現，到這體相如一的境地時，才有眞詩好詩出現。」〔註14〕他的新詩寫作的動機在這裡闡述得很清楚，就是意圖從踏襲古典、重視既成概念與形式轉向於直接表現個人內心的聲音，追求主體、語言、感情緊密合體的狀態。

他的新詩理念多借助於心理學、生物學及西方的文學理論。〈論詩三箚〉中他提出「詩之精神在其內在的韻律，內在的韻律便是「情緒的自然消漲」。這是我在心理學上求得的一種解釋。」〔註15〕〈論詩三箚〉寫於 1921 年，這證明他在《女神》時期已經開始注意從心理學的角度對詩歌進行理論性探討。那以後的〈文學的本質〉（1925 年）、〈論節奏〉（1926 年）都運用了心理學和歷史的文學觀對詩歌的生成以及其本質進行了系統的理論分析。關於詩歌的內在因素他重視了「情緒」和「節奏」，在〈文學的本質〉中，他指出：「文學的原始細胞所包含的是純粹的情緒的世界，而它的特徵是在有一定的節

〔註11〕郭沫若：〈藝術的生產過程〉，《郭沫若全集》第 15 卷所收，第 217 頁。
〔註12〕郭沫若：《三葉集》，《郭沫若全集》第 15 卷所收，第 13 頁。
〔註13〕同上，第 49 頁。
〔註14〕同上，第 47～48 頁。
〔註15〕郭沫若：〈論詩三箚〉，《郭沫若全集》第 15 卷所收，第 337 頁。

奏。節奏之於詩是與生俱來的，是先天的，決不是第二次的、使情緒如何可以美化的工具。情緒在我們的心的現象裡是加了時間的成分的感情的延長，它本身具有一種節奏。」〔註16〕在這裡，他強調節奏的內在性、原生性，否認任何外來形式的支配。在〈論節奏〉中他更詳細地對節奏進行了理論性闡述，指出了新詩與舊體詩的不同在於「舊體的詩歌，是在詩之外更加了一層音樂的效果。詩的外形採用韻語，便是把詩歌和音樂結合了。我相信有裸體的詩便是不借用重於音樂的韻語，而直抒情緒中的觀念之移動，這便是所謂散文詩，所謂自由詩。這兒雖沒有一定的外形的韻律，但在自體是有節奏的。」〔註17〕「情緒」和「節奏」的觀點不僅爲他的新詩創作奠定了堅實的理論基礎，同時也加深了他對古典詩歌的認識。

四、郭沫若的詩歌寫作

1、格律詩新創作

郭沫若自幼學習中國古典，古典詩的訓練是從家塾時代開始的，留學之前所作格律詩已近百首。留日以後他的詩歌寫作雖以口語新詩爲著名，但實際上他未曾間斷過格律詩的寫作。留學十年所作古典詩達45首。我們從他的這些古典格律詩中可以看到一些嶄新的書寫。比如他到日本的那一年，去鏡浦海濱度假時所作的一首詩。

> 白日照天地
> 秋聲入早潮
> 披襟臨海立
> 相對富峰高〔註18〕

在〈自然的追懷〉中他敘述了這首詩的寫作背景。「至秋天，立刻寂寞了。海濱於是幾乎一個人影也沒有了。而我卻開始反而一個人呆呆的裸體著躺在海岸。那時候，陽光是溫薄地擲出一種衰弱的哀調，潮的聲音也不能像仲夏深夜那樣施著一種寂寞的餘韻，但空氣非常的清澄，對岸富士山的秀姿，在晴朗的清早她老早就從遙遠的雲端裡探出頭來。這一種崇高是無話可以形容

〔註16〕郭沫若：〈文學的本質〉，《郭沫若全集》第15卷所收，第348頁。
〔註17〕郭沫若：〈論節奏〉，《郭沫若全集》第15卷所收，第360頁。
〔註18〕郭沫若：〈自然的追懷〉，《郭沫若佚文集》上所收，四川大學出版社，第228頁。

的。在這一種靈境裡當然是詩的情緒會像潮一般湧出來，」〔註 19〕這段追懷讓我們知道他的這首詩不是憑空想像的，而是依據了一個具體的場面。這個場面完全是自然的相貌，季節、陽光、空氣、海潮、海岸的氣氛、富士山，這些風景都是大自然呈現出的眞實相貌。

這首詩以「秋聲」「早潮」表示聽覺的聲音；以「白日」「富峰」表示視覺的景物。以起、承兩句的動態與轉、結兩句的靜態相對峙，以動襯靜。不用典故，單以寫實爲要。這裡的海潮和富士山是第一次出現在他的格律詩中的風景。日本的大自然爲他提供了在故鄉未曾接觸的靈感世界與新鮮的書寫對象。2013 年他的這首詩被選進《富士山漢詩百選》。〔註 20〕

2、新詩寫作

《女神》的現代意義之一就在於它發出了現代人內心的聲音，聲音爭得了優位。我們通過《女神》的幾個特點可以清楚地看到這聲音的優位在詩中的表現。如：第一人稱「我」的連用；感歎詞、感歎符號的連用；英語原文的使用等。

《女神》中有幾首發想於登山的詩歌，如〈筆立山頭展望〉〈登臨〉〈梅花樹下醉歌〉，這幾首詩歌都是郭沫若通過登山創作的。〈筆立山頭展望〉是郭沫若登九州門司筆立山時的作品，這首詩以讚美的情調謳歌了從筆立山頭展望到的門司地區發展的景象。

> 筆立山頭展望
>
> 大都會的脈搏呀！
> 生的鼓動呀！
> 打著在，吹著在，叫著在，……
> 噴著在，飛著在，跳著在，……
> 人的生命便是箭，正在海上放射呀！
> 黑沉沉的海灣，停泊著的輪船，進行著的輪船，數不盡的輪船，
> 一枝枝的煙筒都開著黑色的牡丹呀！
> 哦哦，二十世紀的名花！

〔註 19〕郭沫若：〈自然的追懷〉，《郭沫若佚文集》上所收，四川大學出版社，第 227 頁。

〔註 20〕《富士山漢詩百選》，日本靜岡縣文化・觀光部編，2014 年。

近代文明的嚴母呀！〔註21〕

　　詩中呈現的全然是躍動的、正在進行中的景象，以第一句中「脈搏」一詞為象徵，大都會蒸蒸日上的面貌一躍展現在讀者的眼前。這是 1920 年郭沫若看到的九州工業城市門司的風景。據熊本學園大學岩佐昌暲教授的調查，〔註22〕門司地區在明治中期開始發展工業，到 1920 年已經成為日本最大的煤炭出產地和對外貿易基地。著名的八幡鋼鐵工廠、淺野石灰工廠、帝國啤酒廠、日本製粉工廠、朝日玻璃工廠都集中在那裡，是日本重工業和輕工業同時發展的大城市。詩裡蒸蒸日上的門司的情景以擬人的形式生動地在我們眼前跳躍，如親臨場面。門司是臨海地區，擁有很大的港口，各個工廠的產品都由這裡向各地運出，一艘艘現代式輪船出入於海灣。郭沫若把那海灣比作 Cupid 的弓弩，把輪船和它行進時翻起的長長的水浪比作箭，又把這箭比作人的生命。接下來，將輪船的黑煙比作牡丹，比作二十世紀的名花，比作近代文明的嚴母，一連串的比喻顯然是對現代文明的謳歌，對門司工業發展的謳歌。這裡登山與現代文明溶為一體，山頭的展望激起詩人情緒的高漲，詩中「呀」「哦哦」和「！」號的連用正直接地表現了詩人的感慨，內在韻律直接流露。呼喚式的感歎直表詩人的感動，最為突出。其它詩句如「打著在，吹著在，叫著在，……」則以動詞進行式的連續追加的形式描寫出一個不穩定的、一直在躍動的場景，感動與躍動相互交織，詩人的感動在這樣不穩定的、一直在躍動的場景中被表現得更加切實，更加逼真。郭沫若在《三葉集》中強調「今人用我們的言辭表示我們的生趣，便是新詩。」〔註23〕〈筆立山頭展望〉可以說是注重內在聲音的大膽創作。

　　1920 年郭沫若還寫了一首奇妙的詩，〈鳴蟬〉，一首僅僅 3 行的詩。

聲聲不息的鳴蟬呀！

秋喲！時浪的波聲喲！

一聲聲長此逝了……〔註24〕

　　這首詩吟誦的完全是聲音，蟬的聲音和時間的聲音。蟬在夏天高聲地叫，隨著秋天的到來叫得更加熱鬧，但同時也意味著蟬的生命即將結束。本

〔註21〕郭沫若：《女神》，《郭沫若全集》第 1 卷所收，第 68 頁。

〔註22〕參看岩佐昌暲：〈福岡滯在期郭沫若的文學背景與其它〉，九州大學大學院言語文化研究所《言語文化研究》17 號所收，2003 年 2 月。

〔註23〕郭沫若：《三葉集》，《郭沫若全集》第 15 卷所收，第 47～48 頁。

〔註24〕郭沫若：《女神》，《郭沫若全集》第 1 卷所收，第 141 頁。

詩第一句寫鳴蟬的叫聲不斷，第 2 句則從浪潮般的蟬鳴中引出秋天的腳步聲，第 3 句隨著秋天的加深，蟬鳴會自此消逝。僅僅 3 行的詩，通過聲音表現了生命的流程。前 2 句用了 3 個感歎號「！」，3 個感歎詞。第 3 句結尾用了省略號「……」，表示生命即將消失的餘音。如此簡潔的詩，表現的內容卻十分生動。這首詩與日本的俳句很相近，俳句按不同季節選用不同的用語，蟬是入夏季的季語，蟬或者秋蟬自《萬葉集》中就已經登場，〔註 25〕是日本人最喜歡吟誦的對象。蟬與秋蟬因生命短暫，在日本文學中一直被用來表現「物哀」與無常的情緒。日本現代詩人高濱虛子有秋蟬俳句一首：「鳴きほそりつつ／秋の蟬／雄雄けれ」。〔註 26〕意思是：群蟬叫聲漸漸微細，秋蟬啊，你好堅強。郭沫若的〈鳴蟬〉在大意上與高濱虛子的這個俳句很接近。俳句的形式一般是 5 言 7 言 5 言一共 3 節的排列。郭沫若〈鳴蟬〉的 3 行形式也與俳句相近。而日本俳句的一個重要特點就是聲音的表現，高濱虛子的俳句明顯地顯示出這一特點。郭沫若留學日本時期曾接觸過俳句，他在《三葉集》中討論詩歌性格，以「日本古詩人西行上人與芭蕉翁底歌句」為「沖淡」的詩。〔註 27〕芭蕉翁乃日本江戶時代的俳諧大家，以苦澀恬淡的詩風著稱文壇。郭沫若在日本留學期間很有可能讀過他的俳諧。俳諧是發句 5 言 7 言 5 言與接句 7 言 7 言反覆的連歌形式，也叫俳諧連歌。郭沫若在〈詩歌的創作〉中舉了芭蕉的一首俳句，他講道：「芭蕉是很有名的俳人，在日本差不多是婦幼皆知的。他也確實做過一些很有味道的俳句，在那樣簡單的形式當中，能夠含著相當深刻的情緒世界。」他重視的是發自內心的真誠的、自由的情緒，「用極新鮮活潑的語言，極單純生動的文字，求其恰恰和自己所要表現的內容相稱。」〔註 28〕他在芭蕉的俳句中發現了與他所追求的詩歌的本質相符合的要素。俳諧連歌到明治時代經過正岡規子的改革，將發句部分獨立，形成 5 言 7 言 5 言的短詩形式，叫俳句。郭沫若的〈鳴蟬〉很可能受了俳諧和俳句的影響。

〔註25〕在日本最古的詩歌集《萬葉集》中，蟬多用「蜩」（ひぐらし），約有 10 首和歌。如第十卷第 1982 首：ひぐらし（蜩）は時と鳴ども戀ふらくにたわやめ我は定まらず泣く。

〔註26〕見《俳句歲時記》秋部，角川書店，1987 年，第 622 頁。

〔註27〕郭沫若：《三葉集》，《郭沫若全集》第 15 卷所收，第 15 頁。

〔註28〕郭沫若：〈詩歌的創作〉，《郭沫若佚文集》下所收，第 63 頁。

結 語

19世紀末20世紀初中國的知識分子們走出家園，留學海外，在異國他鄉孜孜汲取現代科學與思想，海外的人文環境、自然風景對他們來說也都是新鮮的，在這樣的環境中，他們開始反省中國文化與社會制度，開始醒悟現代化的方向。胡適對古典詩的反省啓迪於英語的影響。魯迅的人的思想來源於日本和西方的現代思想的啓發。在郭沫若，風景的發現啓發了他感受大自然的心靈，打開了認識白我的精神之門，浪漫精神由此萌芽，詩的靈感由此孕育。郭沫若的詩歌理論從心理學、美學、認識論的角度展開，對「情緒」「節奏」的分析較之胡適已經有了一定的深度。在新詩實踐上，胡適的《嘗試集》應是現代中國最早的大膽實踐，集中的詩歌有不少是口語形式的，但在這個階段胡適還沒有完全擺脫古典詩歌的束縛，詩體和音韻上還存在著古詩歌的形式。與此相比，郭沫若《女神》時期的詩歌要比胡適的《嘗試集》來得更大膽，更奔放，更突破。言文一致的新詩運動其功績就在於它開創了新的認識世界和表現世界，將古典的文學概念、語言概念做了一個根本的顚倒。中國新文化的誕生和發展都與這個時代留學海外的知識分子的努力有著緊密的關聯。他們的體驗和努力爲我們現在面臨的文化交流全球化的大課題提示著可鑒的啓示。

（作者單位：國士舘大學文學部）

日本體驗與近代中國文學

彭 超

〔摘要〕中日文化交流在近代發生了「師」「生」關係的轉換，日本成爲昔日老師中國的學習典範。在赴日留學過程中，日本體驗深刻烙印在近代中國文學之中，不僅賦予其文學以現代性從而促進了中國現代文學的發生發展，而且也以別樣的方式影響了文學現代性的未完成。留日學生們愛而不得、欲捨難棄的感情形成或哀怨或浪漫或深廣憂憤的文學之風，成爲近代中國文學的重要組成部分。日本體驗強化了留學生的家國情懷並催生了中國左翼文學的產生。中國留日學生的日本體驗充滿家國春秋衰亡之感，這既使文學因深厚的憂患意識而深厚寬廣又導致文學易陷入政治性話語、功利性文學的泥淖。

〔關鍵詞〕家國情懷、文化原鄉、協和與分裂、民族復興夢想

　　中日關係源遠流長，中日文化交流更是水乳交融。日本與中國在文化上的交流關係，在近代經歷了老師與學生之間的身份轉換。以晚清時期的四川爲例，在四川所聘日本人的職務幾乎都是教習一職。晚清的四川在軍事、教育、傳媒等方面都與日本有關聯。在軍事上，日本人成爲四川培養軍事人才的重要師資力量。成都當時重要的軍事學校，武備學堂，聘請西原氏、太田氏等日籍教師。從下面照片中可以看出其影響力——赫然爲眾老師之居中位置。

　　這照片是日本人山川早水在明治三十八年（1905 年）在四川考察時所拍。根據山川早水記載，他認爲四川的新教育是由日本人移植進川。四川的第一份現代傳媒報刊《重慶日報》便由竹川氏參與創刊，而且也因爲有他的存在，《重慶日報》得以生存發展並在社會上產生重要影響力。雖然這其中含有山川早水的個人主觀色彩，但也有據可查。不僅如此，師生關係互換由日本的遣唐使到中國近代留日學生龐大數量轉換可知。從 1898 年清政府派遣第一批 13 名官費留學生開始，至第二次世界大戰結束的 50 年間，留日生約 5 萬多人，到 20 世紀末百年來，中國往日本留學者共計約 10 萬人。

　　在近代中國，對於一批致力於政治改革的知識精英而言，日本既是他們政治改革的精神動力又是失敗後的庇護所。日本經歷明治維新後變得強大，這刺激了同爲東亞的中國人效法日本的政治改革，戊戌變法由此而產生。變法失敗之後，梁啓超和康有爲逃亡日本，以日本爲基地繼續變法維新的革

命宣傳活動。再如孫中山在廣州起義失敗後，逃亡日本，他先後多次到日本避難，在日本所待的時間前後共達 9 年之久，期間結識了許多日本朋友，他將日本稱之為第二故鄉。以辛亥革命為界，之前的中國留日學生到日本主要尋求革命上的援助，關注點在於政治，文學只是抒情達意的一種工具而已，例如馬君武、秋瑾等以舊體詩文表達民族復興夢想。辛亥革命之後，留日中國學生關注點更多在於文學創造，例如魯迅、周作人、郭沫若、郁達夫等分別都成為中國現代文學發生發展的主將。中國現代文學發生的各個領域皆有留日學生參與主導，例如魯迅、郁達夫之於小說，郭沫若之於詩歌，春柳社、田漢之於戲劇，周作人之於散文。留日學生在中國文字排立上還具有開創性。中國傳統文字為豎排立，自創造社陶晶孫開始了文字的橫排立。

　　中國留日學生們在辛亥革命前後關注點看似完全不一致，實則有其貫穿前後的一致性，即家國情懷。早前，中國知識分子認為只要效法日本明治維新中國便會走上富強獨立之路，但戊戌變法失敗之後，孫中山等用革命的手段推翻清朝建立民國，但社會卻陷入一種更加黑暗混亂的狀態——軍閥爭權，民智不開，中國並沒有走上富強之路。中國現代文學發生的深層根源便是基於此，開化民智的思想啟蒙成為中國現代文學發生的直接目標，最終目標則還是延續梁啟超、孫中山等上一代知識分子的民族復興之夢。

一、「協和」與「傷痛」體驗

　　日本對於中國留日學生而言既是他鄉又具有文化原鄉之義。近代以來，日本雖然深受西方文化影響，但是由於日本文化所具有的包容性〔註1〕，已經沐浴了西方現代文明的日本很好地保留了傳統文化。由於中日歷經千年的文化交流，這使得現代的日本讓中國留日學生們身在異鄉卻感受到久違的中國古風，甚至有文化原鄉之感。以建築為例，在中國稀少的唐朝建築（荒野偏僻之地偶而還有所保留）在日本卻時有發現，例如現在的日本皇室建築與一些寺院。再以服飾審美而論，日本和服便大有漢唐之風，故而留日的周作人更喜穿著和服而不是清朝的馬褂長袍。日本女性特有的溫婉柔和之美也與中國傳統女性審美無異，所以她們總是能夠觸動諸如郁達夫、陶晶孫等中國

〔註1〕　「日本人認為，現代的東西好，傳統的東西也不錯。」（中西進著：《日本文化的構造》，彭曦譯，南京大學出版社，2013年，第30頁。）

留日學生們的情懷，[註2] 郁達夫爲逃避婚姻而長期求學滯留日本。他文學世界的情愛受困固有青春文學之特點，但更說明他對日本女性的熱愛，而這植根於中日兩國相似的女性審美觀。不僅如此，甚至於日本底層大眾都爲留學生們所喜愛[註3] 而中國在經歷了清朝的文化專制之後，傳統文化形態已然褪色許多。來到日本的周作人、郁達夫等知識分子皆有他鄉與原鄉的恍惚迷離之感。在日本東京居住 6 年之久的周作人一再強調日本爲他的第二故鄉。[註4] 郁達夫在離開日本之際，充滿留念與不捨，認爲在自己人生最後一刻所想到的必定是讓他魂牽夢繞的日本。

「協和」之感是初到日本的中國留日學生們的共有感受。初到日本的周作人沒有身在異鄉的孤獨困故之感，而是很快便對日本產生「協和」「可喜」之感。[註5] 周作人在日本時逢明治末期，他認爲那是一個偉大的時代，很多美好的事物都在那時段萌芽成長。郁達夫初到日本是充滿嚮往，欣喜於日本清淡多趣的藝術、刻苦耐勞的人民、美麗的湖光山色。他甚至於感謝中國的落後，因爲如此才有中日兩國關於留學生的約定，他郁達夫才能到日本留學。[註6] 陶晶孫一生摯愛日本，摯愛日本文化的他視東京爲自己的新故鄉，對日

[註2]　「日本的女子，一例地勢柔和可愛的：……」（何子英選編，郁達夫著：〈雪夜——自專之一章〉：《爐邊獨語》，南京：江蘇文藝出版社，2006 年版，第258 頁。）

[註3]　「只有鄉下的農民，是很可愛的。平和的性格，忠實的眞情，樸素的習慣，勤儉的風俗，不但和中國農民沒有兩樣，並且比中國江浙兩省鄉下的風習要好得多。」（見《星期評論》八號季陶先生文，轉引自周作人著：《周作人論日本》，陝西師範大學出版社，2005 年版，第 10 頁。）

[註4]　「我留學日本還在民國以前，只在東京住了六年，所以對於文化云云夠不上說什麼認識，不過這總是一個第二故鄉，有時想到或是談及，覺得對於一部分的日本生活很有一種愛著。」（周作人著：《周作人論日本》，陝西師範大學出版社，2005 年版，第 137 頁。）

[註5]　「我們去留學的時候，一句話都不懂，單身走入外國的都會去，當然會要感到孤獨困苦，我並不如此，對於那地方與時代的空氣不久便感到協和，而且還覺得可喜，所以我曾稱東京是我的第二故鄉，頗多留念之意。」（周作人著：〈日本文化的特殊性〉，《周作人論日本》，陝西師範大學出版社，2005 年版，第 63 頁。）

[註6]　「日本藝術的清淡多趣，日本民族的刻苦耐勞，就是從這一路上的風景，以及四周海上的果園墾植地看來，也大致可以明白。蓬萊仙島，所指的不知是否就在這一塊地方，可是你若從中國東海，一過瀨戶內海，看看兩岸的山光水色，與夫岸上的漁戶農村，即使你不是秦朝的徐福，總也要生出閃現窟宅的幻想來，何況我在當時，正值多情多感，中國歲時十八歲的青春期哩！」「多

本語言的使用超過母語的嫻熟程度。其作品〈木樨〉日文版比翻譯後的漢文版優美許多。〔註7〕但是中國留日學生的「協和」之感逐漸消失。

作為正在崛起中的日本，面對強盛的西方與落後的中國，開始在外交策略上有了新的思考。〔註8〕另外一方面，部分中國留日學生的放縱行為也逐漸自貶了中國人的身份地位。雖然周作人稱《留東外史》的作者不過是「戲作者」的表演，但不肖生（向愷然）的《留東外史》倒也有幾分真實，不然為何不肖生回國之後會因為其作品隱射到一些真實人物而遭受排擠導致其一生潦倒。留日學生的放縱也可以魯迅筆下留日學生叮咚的舞步聲窺見一斑。

近代中國留日學生「自我形象」充滿歧視性的逐漸演化，最主要的原因還在於中國的式微衰敗。近代中國知識分子在日本的身份地位經歷了由「大師」到「豚尾奴」的變遷。黃遵憲那一代知識分子在日本依然受到文化精英大師級的待遇，眾多仰慕中國文化的日本友人登門拜訪請教之。黃遵憲提出的「我手寫我口，古豈能拘牽！」在中國文壇有重要影響力，他對傳統詩歌語言的革新基於日本體驗，是文化交流開出的美好之花。這時期文化交流雙方的主體地位是平等的。到了梁啓超一代文人的文學語言革新，則是國內效法日本明治維新失敗後，以文學革命代替政治革命的策略。此時期的日本是

謝我們國家文化的落後，日本與中國，曾有國立五校，開放吸收中國留學生的約定。……這半年中的苦學，我在身體上，雖則種下了致命的呼吸器的病根，但在智識上，卻比在中國所受的十餘年的教育，還有一程的進境。」（何子英選編，郁達夫著：〈海上——自傳之八〉，《爐邊獨語》，南京：江蘇文藝出版社，2006 年版，第 254、255 頁。）

〔註7〕 郭沫若在翻譯〈木樨〉之後的附白中有記載：「原文本是日本文，我因為愛讀此篇，所以我慫恿他把它譯成了中文，該題為『木樨』。一國的文字，有它特別地美妙的地方，不能由第二國的文字表現得出的。此篇譯文比原文遜色多了。」（陶晶孫著：《楓林橋日記》，華夏出版社，2011 年重印，第 14 頁。）

〔註8〕「就對外關係而言，後期明治的國家自我形象出現了一種兩難，一種呼應著過去關於『中國』之辯難的兩難。……這種兩難表現於日本在這個世界上的作用是基於這個國家的獨特歷史遺產和現代成就呢？抑或說它的政策應該建立在一種更廣闊的『真實』上？也就是日本是更廣闊的東亞或『東方』的一部分，在文化上、人種上或地緣政治學上都具有這個特徵？日本的政策是要針對其它亞洲社會，也就是由具體界定的自我利益出發？或者說日本作為唯一的亞洲大國有更廣闊的責任，要幫助它的亞洲夥伴制止那個文化／種族上的競爭對手、也就是西方的剝削？」（〔美〕托特曼著、王毅譯：《日本史》第2 版，上海人民出版社，2008 年版，第 353 頁。）

梁啓超他們的庇護所。黃遵憲、梁啓超他們醞釀了中國現代文學的發生，但眞正促使中國現代文學產生且具有巨大影響力的是魯迅、郭沫若這兩代留日學生。但他們的文學創造力卻來源於在日本的「傷痛」體驗，無論魯迅「絕望的反抗」還是郭沫若「鳳凰涅槃」的美好想像都基於此。日本與郁達夫這批留日學生之間的情感關係如果以戀人關係作比，日本就是那窈窕淑女，留日學生是那「寤寐求之、輾轉反側」的君子，無論如何的「鐘鼓樂之」都不能取得美人芳心。

　　「支那人」稱謂由周作人的喜愛到郁達夫這一代留日學生這裡轉變爲污蔑的詞彙。周作人於 1911 年春季回國，他在日期間對支那人的稱謂是欣喜的，因爲可以藉此與落後腐敗的清朝劃清界限。周作人一代的留學生們恥於被稱爲清國留學生，恥於穿長袍馬褂，因爲這被視爲奴隸的象徵。關於「支那人的稱謂」周作人與他的日本友人有著相同的共識，共識源於對於傳統文化的認同，對於滿清的不屑。周作人的文化自信來源於他是中國傳統文化（大漢民族）的代言人。周作人留日時期，他是作爲清國的被壓迫者或反抗者的身份。周作人對於「支那人」的理解來自於來自於印度人對於唐朝使者的描述，且爲美稱。「我們不喜歡被稱爲清國留學生，寄信時必寫支那，因爲認定這摩訶脂那，至那以後至支那皆是印度對中國的美稱。又《佛爾雅》八，〈釋木第十二〉云：『桃曰至那你，漢持來也。』覺得很有意思，因此對於支那的名稱一點都沒有反感，……」〔註9〕，明治末期，日本有一部分學者主張鑒於中國與日本在文化、人種、地緣的親近關係應該將中日兩國視爲共同的東方，聯合起來抵禦西方。周作人留學時段正處於此時期，他自然會欣賞選擇這樣的中日文化論，故而在他看來中國人、日本人同爲西方的「他者」，即東洋人。但是，隨著日本近代文明借鑒西方取得的進步，伴隨日本國內功利主義的博興，將中國單獨視爲落後的東方並唾棄拋棄的論點逐漸佔據主流意識形態，東洋人單指日本，中國已經被剔除掉。此時段，郭沫若等下一代中國留學生來到日本，故而才會有「我們在日本留學，讀的是西洋書，受的是東洋氣。」的體會。〔註10〕

　　郁達夫是在辛亥革命後第二年即 1913 年留學日本，在那裡度過了他 10

〔註9〕 周作人著〈懷東京〉，《周作人精選集》，北京燕山出版社，2006.3（2012.12
　　　重印），第 399 頁。
〔註10〕 郭沫若：《郭沫若全集（文學編）》第 15 卷，人民文學出版社，第 140 頁。

年的青春歲月。郭沫若 1914 年留學日本，在日本求學時間也長達 10 年。郁達夫、郭沫若這一代留日學生在日時期，清朝已經不復存在，已經不能如周作人一代留學生一樣以「支那人」作爲漢唐文化身份與日本達成親密的默契。此時段的日本已經開始用東方與西方，先進與落後的二元思維看待亞洲與全球問題。郁達夫們代表的民國依然衰敗落後，被歸屬於落後的東方。「落後的東方」被蒸蒸日上的日本鄙視拋棄，也便有了以後的託亞入歐之舉。郭沫若「鳳凰涅槃」的詩歌想像是來自於社會底層「支那人」對「浴火重生」的期待。郭沫若小說《漂流三部曲》以「失聲」的殘疾表述自卑對於一個健康、健全男子的壓迫異化。《漂流三部曲》中男主人公爲避免在所愛慕的姑娘面前暴露「支那人」的身份，一直以啞巴的狀態出現，甚而至於精神崩潰，學業荒廢。在郁達夫與郭沫若的小說世界裡，支那人身份對於男主人公而言是難以啓齒的恥辱。郭沫若他們失去了上一代知識分子的文化自信。日本求學讓郁達夫增長學識，開闊視野，也有在多情的青春期品味愛而不得的苦悶，如此便催生了郁達夫小說世界那驚動中國老夫子們的情愛描寫，在中國新文學界開啓了私小說的先河。郁達夫〈沉淪〉的小說世界展現自卑「支那人」的情感困頓，郁達夫〈沉淪〉中的「他」面對飯店侍女詢問家庭地址時猶如站在斷頭臺上的恐懼，〔註 11〕強烈的自卑壓抑最終導致「他」走向死亡。郭沫若小說世界更是以人物異化的方式展現「支那人」身份對於留日學生造成的心理壓力勝於卡夫卡小說〈變形記〉以「物化」的方式表達現實生存壓力對人的異化。「支那人」的蔑視性質成爲留日中國學生心中的痛，這還見於其它留學生的文學世界，例如張資平的「C 在學校附近問了幾間清潔的館子，都說不收容支那人，他傷心極了。他傷心的理由是館主不說他一個不好，只說支那人不好。」〔註 12〕

留日學生文學中反映出的由「協和」到「傷痛」的日本體驗，標明個體與國家榮辱與共的連理關係，也預示了不同體驗的留學生們以後不同的文學選擇與人生道路。

〔註 11〕 「原來日本人輕視中國人，同我們輕視豬狗一樣。日本人都叫中國人作『支那人』，這『支那人』三字，在日本，比我們罵人的『賤賤』還更難聽。如今在一個如花的少女前頭，他不得不自認說『我是支那人』了。」（何子英選編，郁達夫著：《爐邊獨語》，南京：江蘇文藝出版社，2006 年版，第 46 頁。）
〔註 12〕 孫志軍選編《張資平作品精選》，長江文藝出版社，2003 年，第 34、35 頁，轉引於岩佐昌暲《中國現代文學與九州》，南京師範大學出版社，第 88 頁。

二、日本體驗與中國現代文學的轉變

中國現代文學發生的文壇主力軍來自於日本，日本體驗不僅影響了中國現代文學的發生，也影響了中國現代文學的轉折，既催生了新文學的發生，也成爲文學革命轉向革命文學的重要誘因。日本體驗深刻烙印在近代中國留日學生文學之中，不僅賦予其文學以現代性從而促進了中國現代文學的發生發展，而且也以別樣的方式影響了文學現代性的未完成。留日體驗強化了留學生的家國情懷並催生了中國左翼文學的產生──文學革命向革命文學的轉換。

現代性的「孤獨」情懷是歸國後的留日學生們之共同感受。魯迅的「孤獨」浸滿文學之筆端，例如呂緯甫、魏連殳啓蒙的孤獨，涓生與子君追求自由的孤獨，特別是極具個人色彩的獨語《野草》更是寫盡知識分子深刻的獨孤體驗。魯迅的孤獨主要基於走在時代前列的啓蒙者孤獨抗爭，指向深廣的國民性。陶晶孫的獨孤體驗來自於中日兩種文化碰撞帶來的分裂感，他極具先鋒性質的文學創作無人賞識〔註 13〕。陶晶孫歸國後故鄉的「沒有一物」讓他無法前往，深愛的日本卻因爲金錢的缺乏也不能前往，但是漂流在北京卻充滿旅愁的苦惱。「他到此刻方感覺猛烈的旅愁了，世界的哪裏能夠收容他呢？故鄉麼？故鄉的『沒有一物』，他也不會去了，日本呢？他也不是嫌惡日本，反在愛著在日本的學術生活，然而沒錢能住日本，所以到了結論。他就選著北京，而今他到北京了，──他方在這裡感受 Stranger 的苦惱。」〔註 14〕陶晶孫的鄉愁體現更具個人性質，他的苦惱也是個體性的，一切煩惱皆可爲日本愛妻的可愛而消解。魯迅的鄉愁是集體性的，是無根的懸浮，他的鄉愁是一代知識分子「在而不屬於」的時代失落，廣大且深刻。

如果說文學形式的革新與內容的現代體現了留日學生文學的現代性，那麼日本體驗帶給他們的自省與批判意識則是促使文學革命逐漸轉向革命文學

〔註 13〕 「的確，留學外國不可以過久，過久了便要失去自己站立的地位，成一個過剩的東西，光說文學，資本主義文學當然達到的表現主義達達主義等等，在中國不能通行，取材外國的小說不被歡迎，──等等。」於是乎，他只能寂寞無聊地打發著光陰，走向沒有未來的未來。「騎著穿過平原的田園，載著單個不合時代的異人，也不趕急，而也不停頓，爲向西去度幾日無味清寂的生活奔馳。」(陶晶孫著：〈畢竟是個小荒唐了〉，《楓林橋日記》，華夏出版社，2011 年重印，第 94 頁。)

〔註 14〕 陶晶孫著、中國現代文學館編：《楓林橋日記》，陶晶孫代表作，北京華夏出版社，2011 年重印，第 76 頁。

的重要緣由之一。二十世紀 20 年代，社會現實主義文學潮流在日本具有很大影響力。思潮關注大眾，關注工人階級，用階級衝突看待問題的。〔註 15〕對大多處於社會底層的中國留日學生而言，極易與之產生共鳴。在郭沫若、郁達夫文學會世界裡，中國留日學生所患病痛多為肺結核。日本從明治時期以後，一些處於底層的工人、農民由於居住環境惡劣，是最容易被感染上此病的一類人，其中年輕女性尤其如此。中國留日學生一則本身居住環境不會很好，比如郭沫若的居住地；二則處於年輕多情的歲月，而與之交往的女子多為下層貧困之人，導致接觸感染肺結核的幾率頗大。

留日學生們由文學到政治的轉變既有日本體驗的個體人生際遇之緣故，也有歸國後的社會現實觸動。郭沫若 1923 年 3 月攜妻子小孩歸國。他因生計無著落再次於 1924 年返回日本。為糊口開始文學翻譯。他翻譯河上肇的《社會組織與社會革命》。此著作影響影響了郭沫若一生道路的選擇。如果說當初建立「創造社」是為了振興國內文壇，那麼翻譯此著作則是促使其從「文學革命」到「革命文學」的主要轉折動機之一。之前文學創作既是苦悶的宣洩或是生存之需（稿費），亦是文學理想，之後逐漸從文學走向政治。夏衍曾留學日本的明專（現在的國立九州工業大學），但是所目睹的社會現實讓他工業救國的夢想破滅，轉而走向政治（歸國後以文學的方式走向政治），所以說日本體驗是導致夏衍投身左翼文學的直接誘因。夏衍在《懶尋舊夢錄》中有自述〔註 16〕，這裡提到的朝鮮人的『無聲的敵意』，說的是夏衍在朝鮮旅行

〔註15〕 「馬克思主義的分析範疇——那些信奉者們認為它們放之四海而皆準，而不是有文化限定的，在 20 年代很是流行。它們培育出了對日本和亞洲歷史的全新視野，也就是界定日本的『封建主義』特點，明治維新是或不是真正的『資產階級革命』。」「儘管有著官方的阻擾，但在 20 年代還是出現了『社會主義現實主義』，成為當時最強的文學潮流。這種理論提倡為大眾的文學，因此似乎構成了對『純』文學倡導者們的一種意識形態挑戰。然而，實際上社會主義現實主義是作為另外一種宗派文學風格而出現的，承擔著這樣一種功能。這類同人刊物登載詩歌、短篇小說和文學批評，它們的作者從正在進行鬥爭的工人的視野來看問題，用階級衝突的觀點來看問題。」（〔美〕托特曼著、王毅譯：《日本史》第 2 版，上海人民出版社，2008 年版，第 409、412～413 頁。）

〔註16〕 「在釜山、韓城看到的朝鮮人——包括兒童、婦女的那種無聲的敵意，在奉天車站聽到的『滿鐵』護路警察對中國苦力的兇暴的吼聲，在北京街頭看到的插著草標賣兒賣女的慘狀，……我的心很久不能平靜。學一點科學技術當然是必要的，但再也不能心安理得地看外國小說，讀『閒書』了。」（夏衍著：《懶尋舊夢錄》，三聯書店，1985 年版，第 81～82 頁。轉引自岩佐《中國現

時的經歷。當時，他穿著日本學生裝而被朝鮮人誤認爲是日本人，所以一路上被朝鮮人投來充滿敵意的眼光。……覺得『工業救國』的理念已經變成缺乏現實感的相當乏味的東西了。

　　日本體驗讓中國留日學生反觀自身，思考中國落後之根源，突出體現在小說文本中的自省意識、批判意識。日本體驗，近代日本資本主義文明的勃勃生機，激發了魯迅的自省與絕望的反抗。魯迅作爲中國現代作家中深具自省意識與批判精神的典型作家，其文學作品充滿濃厚的悲劇意識。其他作家亦如此。陶晶孫小說〈濃霧〉中外國沿海航輪衝破中國老腐輪船導致二百多人死亡，輪船公司卻依靠保險費發財。小說立意在於批判，批判中國輪船公司爲金錢踐踏底層百姓（死者多爲三等艙客人，頭等艙客人都獲救）。老腐的船體象徵了不堪一擊的老中國，並指出雖然災難起因在於船自身的老腐，更在於人的不仁。在日本高唱「鳳凰涅槃」的郭沫若，回國寫下悲憤的〈上海印象〉。這「愛與失望」的國家情懷不單單爲郭沫若所感，在歸國的留日學生群中相當一部分都在文學作品中表達此情緒，例如何畏歸國後的上海印象：

> 「祖國」……呵「祖國！」——
>
> 土音驚破了我的魂魄……
>
> 只見——
>
> 各世界的強盜和小賊
>
> 從各世界打劫了財物，都淜集到這永借的巢窟。……
>
> 電光叫鞭一揪，
>
> 春性的貓聲四竄：
>
> 紅頭黑炭一吼
>
> 幾百群喪家狗
>
> 東奔西走……
>
> ……
>
> 上海！我要做一曲怎樣的弔亡歌，
>
> 貼在你火葬場的門背後？〔註17〕

　　近代日本國力的強盛與強盛之後對中國的蔑視一併激勵了留學生們的民

代文學與九州》，第116～117頁。）

〔註17〕何畏：〈上海幻想曲〉（參見中國現代文學館編：《楓林橋日記》，陶晶孫代表作，北京：華夏出版社，2011年重印，第162～163頁。）

族復興之夢想，中國左翼作家聯盟中，留日學生佔據主力軍，例如魯迅、郭沫若、田漢、郁達夫等。中國左翼文學因爲對於社會現實的急切關懷，在某種程度上造成功利性與藝術性的衝突從而傷害了文學的本體性，是文學現代性未完成原因之一。這是另一個話題，在此文中不再贅述。

三、歷史思索：尷尬的「認同」

從舒曼殊的自戕到魯迅「過客」式的決絕再到陶晶孫的人格分裂最後到郭沫若拋妻別子的人生悲劇，留日學生們接受中日兩種文化，創造了燦爛的中國近現代文學，但是也遭遇文化夾縫中「無中間地帶」的絕望。

舒曼殊，中日文化混血兒，出家之人卻塵世有愛；高潔於世卻柳絮惹花酒。他是近代文壇的奇才，也是一朵奇葩。他的詩歌藝術是中日文化融合的典範，但生逢亂世的他欲歸隱桃園而不得，欲出世卻不能實現英雄的宏業，意救天下蒼生而不能，悲劇還在於且所救之人多爲恩將仇報、品德糟糕的惡人。這與魯迅〈藥〉中啓蒙者被被啓蒙者吃掉是同性質的悲哀，是近代知識分子無中間地帶的絕望。他血液爲日本人，但被日本所棄。生長在中國，後留學日本，但文化的難以歸屬感與生存的漂浮感讓他無以找到可以棲息的中間地帶。舒曼殊最後的死亡可以說是有意爲之，極度飢餓下的暴飲暴食而死。舒曼殊的自戕到魯迅絕望的反抗，他們通往墳墓的「過客」式的決絕都說明「桃園」的縹緲難以追尋。舒曼殊〈焚劍記〉中那把被焚燒的劍象徵人生終極目標的無望，與魯迅〈復仇〉終極目標的消解何其相似。在魯迅文本世界中，很難發現他對日本文化的苛責，他由日本文明而反省中國文明，既熱愛中華文明，也熱愛日本文明。特別是周作人，他由衷的喜愛著日本文化，即使在日本侵佔中國之際也盡力爲日本開脫。〔註18〕畢竟，魯迅與周作人所處的明治晚期，日本社會對中國評價的討論在社會反響熱烈，此時期的中國人還被日本知識界中相當一部分人士所尊重。周氏兄弟看似不同的文學創作，其實有一個相同的根基，那就是歷史與文化的「懸浮」感。魯迅表現在無所歸依的故鄉書寫。周作人表現爲在中國新文學史的「在場與消失」，這是一位

〔註18〕「本來據我想，一個民族的代表可以有兩種，一是政治軍事方面的所謂英雄，一是藝術文學方面的賢者。此二者原來都是人生活動的一面，但趨向並不相同，有時常背馳，所以我們只能分別觀之，不當輕易根據其一以抹殺其二。」（周作人著：〈談日本文化書之二〉，《周作人精選集》，北京燕山出版社，2006.3 版（2012.12 重印），第 393 頁。）

純粹的知識分子在特殊年代處於文化夾縫中的尷尬認同，最後導致歷史定位的懸浮。

　　郭沫若留日生涯嘗盡人世辛酸，但是日本體驗給予他傷痛時又給他撫慰，不僅讓他收穫愛情體驗親情之愛，還治療他受傷疲憊的身心。〔註 19〕在日本生活前後近 20 年的郭沫若。在他早期小說中，男主人公寧可選擇與深愛的日本妻子共赴海自殺殉情，20 年之後現實版中的男主人公最終拋妻別子回到中國，可以想像其經歷的內心煎熬，並為此終生背負了薄情寡義的名號。陶晶孫在〈兩姑娘〉中以主人公在中日兩位姑娘之間的搖擺寫出中日文化交融帶給他的困擾。白晝代表理性的現實，理性的他選著與中國浙江姑娘一起。黑夜代表感性的內心世界，此時的他選擇與日本姑娘在一起。他企圖長久以 Veronal 麻痺自己，但是日本姑娘拒絕他天天服藥。這意味著他必須要直面自己的理性與情感，但是他沒有勇氣作出抉擇。小說結尾沒有給出一個清晰的回答，因為這是作者本人也無法給出答案。在兩種文化之間搖擺的陶晶孫最後因為時代的關係，被文學史有意忽略。〔註 20〕這是時代的悲劇，也是留給後人的思索。

結　語

　　不管是曾經的庇護所還是深愛的第二故鄉或者是難以釋懷的傷心之地，或自戕或人格分裂，周作人等一批留學日本的知識分子，人生的光輝與陰暗都與日本密切相關。中國近代歷史記憶被文學鮮活生動的形式記載，記載了中國近代知識分子為實現民族復興夢想的心路歷程。近代中國留日學生的傷痛體驗固然為文學增添了思想的張力，卻因此也帶來了種種負面性因子。甚至於這份不甚美好的傷痛體驗卻還在延續，例如，當代作家嚴歌苓小說《小

〔註19〕　「在熊川、古湯兩處溫泉逗留的郭沫若，充分地享受了這種與充滿著物欲的世界相隔離的原始大自然的田園生活，新鮮的感受使他的心身也得到了癒合。……在佐賀的北山溫泉逗留的一個月時間裏，郭沫若得以在恬靜的大自然中調節不平靜的心態，重新鼓起勇氣，決心回國再次挑戰社會。」「曾經陷入生活的最底層、直面著心存醜惡的另一個自我時，郭沫若曾幾次想到自殺，是他的夫人給了他繼續活下去的勇氣；……」（〔日〕岩佐昌暲著、李傳坤譯：《中國現代文學與九州》，南京師範大學出版社，2010 年版，第 64、65 頁。）

〔註20〕　「他的文學，在日本被看做外國人寫的東西而令人淡忘，在中國則被看做『漢奸文學』而一直被忽視了。」（〔日〕濱田麻矢：〈文化的「混血兒」——陶晶孫與日本〉，載於《中國現代文學研究叢刊》1996 年 8 月。）

姨多鶴》中主人公竹內多鶴與她的混血後代們遭遇的人生苦難遭遇是郭沫若小說中那被迫到處流浪的無產流氓的翻版。傷痛的記憶往往不是獨行，再如遲子建小說《僞滿洲國》中吉野百合與羽田的愛情悲劇。回顧中日曆經千年的友好睦鄰關係和血濃於水的文化交流互動，在這二十一世紀的今天，多事之秋的今天，日本體驗與中國近代文學無疑爲我們提供了一份歷史的思考。今天，中日文化交流依然頻繁，期待更多的美好記憶留存與留學生文學世界，開出美麗的文化混血之花。〔註21〕

（作者單位：西南民族大學）

〔註21〕「廣泛地喚起日本讀者的尊敬與共鳴」參見（伊藤虎丸：〈戰後五十年與《寫給日本的遺書》〉）轉引自（〔日〕岩佐昌暲著：《中國現代文學與九州》李傳坤譯，南京師範大學出版社，2010年版，第68頁）。

清末民初日中留學政策／制度

清末早期的留日政策與郭開文的日本留學
——兼論郭沫若兄弟日本留學研究中所遇到的幾個問題

劉建雲

〔摘要〕談到清末留日學生，很多研究都會提到矢野文雄的提案（1898年）及張之洞的《獎勵遊學畢業生章程》（1903 年）。誠然該提案和章程對清廷留日學生派遣政策的出臺，以及那場史無前例的留日大潮的到來起了極其重要的作用。然而，卻很少有人提及矢野文雄提案的最終歸結，更不見有人研究該提案和章程對清末中國人的日本留學發揮了哪些具體作用。這當然和清末留日學生的龐雜及資料的過度分散和不完整有關。即便這樣，如果我們結合眾多先期研究成果，對分散不完整的資料進行一下梳理，并聯繫一些具體事例，是否能理出一個大致頭緒來呢？本書即做了這麼一個嘗試，并通過這個嘗試搞清了筆者在郭沫若兄弟的日本留學研究中所遇到的幾個問題。

〔關鍵詞〕日本政府的承諾、求是書院、南洋公學、京師大學堂、東京帝國大學法科大學「選科」

近年筆者在研究郭沫若三兄弟的日本留學時，涉獵了部分清末民初的留日政策問題，也遇到了一些疑問：一是關於東京第一高等學校（以下簡稱「一高」）的史料記載：該校最早接受清國留學生是在 1899 年 9 月，對象是 8 名浙江籍留學生，他們中有官費也有自費；該校規定對這 8 名留學生既不徵收入學金、學費、圖書借用費，入住學生寮的也不收寄宿費〔註1〕。這樣優厚的待遇日本學生都享受不到，為什麼？二是郭沫若說大哥郭開文雖勸自己學實業，但他到日本後學的也不是實業，而是「為時流所動學了法政回來」，這裡的「時流」是什麼？三是郭開文於 1905 年 9 月至 1909 年 7 月，在東京帝國大學分科大學的「選科」作為旁聽生學了 4 年政治學，他為什麼選擇了東京帝大的「選科」？當時日本接受清國留學生的公私立教育機構，僅外務省資料登錄的就有 20 多所。進這類學校，拿個相應的文憑回國似乎並不太難。可他卻在沒有任何科學預備知識的情況下進了東京帝大法科大學的「選科」，到頭來連個單科「成業」證書也沒拿上〔註2〕。為什麼？

為了解決這些疑問，筆者試圖對清末的那場史無前例的留日狂潮做一下簡單的梳理，意在搞清問題的同時，也有助於加深對郭沫若三兄弟日本留學的進一步理解。

一、清末派遣留日的第一個章程和南洋公學的留學生

1-1　清末最早的留日學生

甲午戰敗對清政府的打擊是震撼性的，朝野上下一致認識到只有一海之隔的「蕞爾小邦」已不可與爭朝貢而受冷落的時代相提並論了。於是，在戰敗後的第 3 年，即 1897 年 3 月，作為洋務運動象徵之一的京師同文館和廣州同文館便首次增設了「東文館」，開創了中國有史以來最早的一例正規的日語教育〔註3〕。受其影響，全國各地有識之士創辦的東文學堂和留日預備校相繼出現，最早的有羅振玉的上海東文學社（1898 年 2 月）、陳寶琛等人在日方

〔註1〕 參見《第一高等學校六十年史》，1939 年，以下簡稱《六十年史》。
〔註2〕 參見拙文：〈關於郭開文日本留學的初步考證──清末留日大潮中的一個個例〉（《郭沫若研究》總第 94 期，2010 年）。該論文在執筆時因史料短缺，初步推測郭開文在東京帝大法科大學的「選科」留學了 3 年。這裡依據新近查到的明治 38～39 年《東京帝國大學一覽》予以補充和修正。
〔註3〕 參見拙文：〈清末の日本語教育と廣州同文館〉，《中國研究月報》NO.622，1999 年 12 月。

民間人士中島眞雄協助下創立的福州東文學堂（1898 年 7 月）等。可以說，國內日語教育的發軔爲早期留日學生的派遣提供了相應的輿論先導和準備條件〔註4〕。

　　中國人的日本留學一般認爲始於甲午戰後的第 2 年，即 1896 年。當時駐日公使裕庚爲解決使館翻譯需求派人從上海、杭州一帶招募了 13 名學生，於同年 6 月抵達日本，在東京高等師範學校校長嘉納治五郎爲其臨時開設的私塾學習日語、普通科及外交史。其中 4 名因飲食不服和承受不了世俗的歧視，於兩三個星期後回國，還有兩名也因故中途退學。3 年後以「優秀成績」結業的只有 7 人，他們是唐寶鍔、朱忠光、胡宗瀛、戢翼翬、呂烈輝、呂烈煌、馮閭謨，其程度相當於當時的東京高等師範學校附屬中學 3、4 年級。7 人中，唐寶鍔、戢翼翬、胡宗瀛、馮閭謨繼續留在日本學習，唐、戢、胡進了東京專門學校（早稻田大學的前身），馮閭謨則於 1902 年 9 月至 1909 年 7 月相繼在東京帝國大學法科大學的「選科」進修了 6 年，學的是政治學〔註5〕。然而，呂順長從他們被選派的過程、學習目的及隸屬使館的關繫上指出，這 13 名只是「使館招至的特殊留日學生，而並非國內最早派遣的普通留日學生」〔註6〕。

　　還據呂順長考察，中國最早派往日本的「普通」留學生是浙江杭州蠶學館的嵇侃和汪有齡，赴日的時間爲 1897 年 11 月。2 人在集中學習了 3、4 個月日語後，便入埼玉縣競進社蠶業講習所學習採桑養蠶，嵇侃後來又升入東京高等蠶絲學校學習，於 1901 年夏畢業回國。另有資料稱這兩名蠶學館的學生是基於當時的《農學報》館主羅振玉等人向杭州知府兼蠶學館總辦林啓的建議而派遣的，而羅振玉又是國內最早的東文學堂的創始人之一。

〔註4〕參見拙著：《中國人の日本語學史——清末の東文學堂——》，日本圖書セーター／學術出版會，2005 年。
〔註5〕參見實藤惠秀：《中國人日本留學史》，くろしお出版，1981 年；黃福慶：《清末留日學生》，中央研究院近代史研究所，1975 年等。注 2 拙文曾初步考察馮於 1904 年至 1909 年在該「選科」進修了 5 年。然此次調查發現馮於 1902 年 9 月至 1903 年 7 月也登錄在冊，即從 1902 年至 1909 年在該「選科」陸續進修了 6 年。早稻田大學大學史資料稱：1899 年 9 月 19 日，「開始接受清國留學生。錢恂引領的 3 名及其他 2 名入學」。這裡言及的 5 名當爲唐、戢、胡，及後述南洋公學的雷奮、楊蔭杭、楊廷棟之中的 5 人。參見〔資料1〕。
〔註6〕呂順長：http://elearning.ccnu.edu.cn/jpkcnew/zgjxds/jds/999/ke/ke04/04CK/liuri.htm。

繼杭州蠶學館的兩名留日學生之後，浙江省又從求是書院和武備學堂各挑選 4 名，合計 8 名學生，於 1898 年 4 月派往日本，他們分別是求是書院的何爔時、陳榥、陸世芬、錢承志和武備學堂的蕭星垣、徐方謙、段蘭芳、譚興沛。

求是書院的 4 名相對於「武備」而言，在當時被稱作「文科生」。他們赴日後在日本外務省的安排下，先跟中島裁之等學習日文，中島爲此還推掉了吳汝綸聘他做安徽東文學堂教習的邀請〔註 7〕。這個曾掛牌「中華學館」的私塾後來獲外務省批准，於 1898 年 6 月更名爲日華學堂，正式成爲一所日本最早的專門從事對清國留日學生進行日文及普通基礎課教育的預備學校，堂長由東京帝國大學講師高楠順次郎兼任。

求是書院的 4 名派遣生 1 年後連同 1897 年來日的汪有齡、自費生吳振麟等合計 8 名，於 1899 年 9 月入東京第一高等學校學習，成爲該校接收最早的中國留學生〔註 8〕。他們中 4 名進入該校的大學預科一部（法科）1 年級旁聽外語（英語或德語）和政治地理；另 4 名進入二部（工科）1 年級旁聽外語、代數、三角和圖畫。該校規定對他們不徵收入學金、學費、圖書借用費及住宿費。之後，求是書院的錢承志又入東京帝國大學法科，陳榥、何爔時入東京帝國大學工科，陸世芬入高等商業學校學習。

也就是說最早的留日學生除使館招至的 13 名外，均由浙江地方政府派遣。當時清廷對向日本派遣留學生還沒有一個明確的規定。這些最早的地方派遣留日學生，從他們到日本之初就受到了外務省、文部省、陸軍等來自日本官方的特殊關照，而且在某種程度上都接受了一定的日本的正規高等、專門或大學教育。之所以能夠如此，筆者認爲這和當時日本官方對接受清國留學生的積極態度和具體承諾是分不開的。

1-2　清政府決意選派留日學生的契機與最早的政府派遣留日學生

還在戊戌變法緊鑼密鼓地醞釀期間，1898 年 5 月，當時的駐清日本公使

〔註 7〕自 19 世紀 90 年代初就開始活躍於中國大陸，精通中文。1901 年在吳汝綸和劉鐵雲的幫助下，與户部郎中廉泉共同創辦北京東文學社，其規模之大，成爲中國近代教育史上唯一留有記載的東文學堂。秋瑾到日本留學前也曾經廉泉夫婦介紹跟他學習日文。詳細請參見注 4，第 104～107 頁；及拙文：〈清末の北京東文學社——教育機關としての再檢討——〉，《岡山大學文化科學研究科紀要》第 11 號，2001 年。

〔註 8〕筆者推測另兩名當爲後敍的南洋公學的章宗祥和富士英，且 2 人均爲浙江籍。

矢野文雄出於本國利益和對未來日清關係發展趨勢的諸多考慮，向清政府總理衙門提議表示願意接收 200 名清國留學生，并承擔一切留學費用。一般認為，此提案雖未獲落實，卻對清政府留日學生派遣政策的正式出臺起到了推波助瀾的作用。因為同年 6 月，總理衙門即奉軍機處之命頒布了「遵議遴選生徒遊學日本事宜片」，大體上明確了選派留日學生的途徑和辦法：「將臣衙門同文館之東文學生酌派數人，並咨行南北洋大臣、兩廣、湖廣、閩浙各督撫，就現設學堂中遴選年幼穎悟粗通東文諸生，開具銜名。咨報臣衙門，知照日本使臣陸續派往，即由出使日本大臣就近照料，無庸另派監督。各學應支薪水用項，由衙門臣核定數目，提撥專款，彙交出使大臣隨時支發」〔註9〕。這個簡單的「事宜片」成了清廷決意派遣留日學生的第一個章程。

依據「事宜片」，這個時期直隸總督、湖廣總督、北洋大臣、兩江總督分別選派出了 6 名、20 名、6 名、30 名赴日留學生〔註10〕。1898 年 9 月，南洋公學總理何嗣焜即奉兩江總督兼南洋大臣劉坤一之命，從公學的學生中選拔出「年少質穎志趣遠大，中學已有根柢，英文亦頗精進者六名」，咨送憲臺。劉坤一將與公學同期呈報的上海廣方言館 6 名、江南儲材學堂 7 名和江南水師學堂 1 名，合計 20 名，一併開單咨送總理衙門審核。不過，因緊接著發生的戊戌政變，總理衙門對留學事宜舉棋不定，一拖再拖，直到 12 月末方獲批准〔註11〕。

1899 年 1 月，南洋公學的 6 名學生在羅治霖的引領下前往日本〔註12〕。這 6 名起先跟求是書院的 4 名一樣，也受教於日華學堂，在該學堂主要學習

〔註 9〕 陳學恂：《中國近代教育史教學參考資料》上冊，1975 年，第 702 頁。

〔註 10〕 湖廣總督張之洞選派的 20 名是徐傳篤、易甲鵬、傅慈祥、萬廷獻、吳紹璘、鄧承撥、杜鍾岷、武祿貞、文華、高曾介、劉邦驥、田吳炤、鐵良、劉庚雲、顧臧、吳元澤、吳茂節、盧靜遠、吳祖陰、張厚琨。「遊學日本，入武備學堂學習」（《張之洞全集》第 6 冊，武漢出版社，2008 年，第 192 頁）。這一時期的留日學生有一個特點，即以學習武備者居多。這和甲午戰後日本陸軍參謀本部的對華政策和在華的積極活動是分不開的。如 1897 年日本陸軍少佐宇都宮太郎在湖北與張之洞會談，1899 年 5 月陸軍大佐福島安正在南京會晤劉坤一，皆建議中國派遣學生赴日本留學。四川省 1901 年派出的第一批留日學生也是四川總督奎俊應日本陸軍大尉井戶川辰三之請，從省城書院和中西學堂選出的，共 22 名，大都進了成城學校和振武學校。

〔註 11〕 王宗光主編：《上海交通大學史》，上海交通大學出版社，2011 年。

〔註 12〕 參見《上海交通大學紀事 1896～2005》（上卷），上海交通大學史編纂委員會編，2006 年。注 6，呂順長論文曾依據諸多史料推論南洋公學富士英等 6 人的赴日時間為光緒 24 年（1898）12 月，本文予以刷新。

日文和普通學。《日華學堂章程要覽》記載：「本學堂明治三十一年六月開辦。……初由浙江省求是書院派來文學生四名。本年一月。由南洋公學堂派來文學生六名。」「明治三十二年（1899）一月入學：浙江省湖州府烏程縣人章宗祥、浙江省嘉興府海鹽縣人富士英、江蘇省松江府華亭縣人雷奮、江蘇省太倉州寶山縣人胡礽泰、江蘇省常州府無錫縣人楊蔭杭、江蘇省蘇州府吳縣人楊廷棟」〔註13〕。

南洋公學的 6 名派遣生在日華學堂完成預備學習之後，楊蔭杭、雷奮、楊廷棟入東京專門學校學習；章宗祥和富士英則與上述浙江籍求是書院等派遣生一同進了東京「一高」旁聽。之後，章宗祥於 1901 年 9 月轉入東京帝大法科大學的「選科」，富士英則進了 1902 年由東京專門學校改名的早稻田大學。楊蔭杭等 3 人於 1902 年 5 月學成歸國，攜「日本專科學校所頒政治理財科卒業文憑」到公學報到，被安排到譯書院從事翻譯工作；1903 年 9 月前後，章宗祥和富士英亦學成歸國。同年 10 月章宗祥調任京師大學堂教習，翌年 1 月則被派引領該大學堂 31 名選拔生赴東京第一高等學校留學〔註14〕。

1-3 日本政府的承諾——東京第一高等學校不徵浙江 8 名留學生學費、寄宿費的緣由

如上所述，清廷決議派遣留日學生的第一個章程是 1898 年 6 月頒布的。在那之前的使館留學生和浙江地方政府派遣的留學生，這裡姑且稱其為無政策期留日學生。章程頒布後，官自費留日學生逐年有所增加，1903 年湖廣總督張之洞又奉命制定了一系列獎勵遊學政策，於是迎來了有史以來的中國人的第一個留日高峰。而郭開文正是這個高峰期到日本留學的。為敘述方便起見，本文姑且將高峰到來前的階段統稱之為「早期」。

對這一時期留日學生學習生活狀況的把握，日本學者川崎眞美的論文〈清末における日本への留學生派遣——駐清公使矢野文雄の提案とそのゆくえ——〉給本研究提供了極其重要的信息。該論文不僅考察了矢野文雄的留學生提案之所以未獲落實，一個重要的原因是在操作程序上與外務大臣西德二郎疏通不充分；而且還查明對矢野的提案日方並未食言，而是經矢野的後任林權助的內外協調，最終就以下 3 點同清方代表李鴻章達成了一致：

〔註13〕于寶軒輯：《皇朝蓄艾文編》，上海官書局，光緒 29 年（1903），排印本。
〔註14〕同注 12。《六十年史》，第 488 頁，「章宗祥」作「章習祥」，「習」當為字誤。

（1）日方爲清國留學生在日本的大學及其政府直屬官立學校就讀提供方便。

（2）不徵收學費等費用。

（3）日方負責安排專門擔任留學生教育監督的教員并承擔其費用〔註15〕。

川崎論文解決了我在前言中提到的第一個疑問，即 1899 年 9 月浙江籍的 8 名留學生進入「一高」旁聽時，該校規定不徵入學金、學費、圖書借用費及寄宿費的緣由。浙江籍的 8 名留學生是經外務省照會，由文部省專門學務局介紹入學的。

1900 年 7 月，日本文部省還正式發布了《關於文部省直轄學校外國委託生規程》（文部省令第 11 號）因考慮到這個「規程」對早期留日學生的影響巨大，現將全文翻譯引用如下：

第一條　外國人之於文部省直屬學校，倘若不受通常的校規學則之限制，只接受學科中的一門或數門之講授，且有駐本邦公使或領事之委託者，當給予特別許可。

第二條　依據前條，欲接受講授的外國人可持駐本邦公使或領事之委託書，到該帝國大學總長或學校校長處提交申請。

第三條　帝國大學總長或學校校長在接到上述申請後，對認定有相應的學力（筆者註：文化程度）者，可准許其入學。但如果學校設備條件不具備，亦可不受此限制。

第四條　外國委託生欲獲學科修了證明書者，須通過考試。

第五條　對外國委託生可不徵收鑒定費及授業費。

第六條　帝國大學總長及學校校長經文部大臣認可，可制定與本規定相關的細則。

第七條　本令實施之際，現有文部省直屬學校的外國人截至其學課修了，可不遵循本令之規定。

翌年 11 月，又發布了文部省令第 15 號《直轄學校外國人特別入學規程》，同時宣布第 11 號廢止。文部省令第 15 號僅對第 11 號的表述作了個別調整，即將第一條的進學條件「有駐本邦公使或領事之委託者」改成了「有外

〔註15〕《中國研究月報》第 60 卷第 2 號，2006 年。該論文在同年度獲該刊物舉辦的「太田勝洪記念中國學術研究賞」。原文爲日文，漢文爲筆者譯。以下日文資料皆相同。

務省在外公館或駐本幫外國公館的介紹者」；第五條的「鑒定費及授業費」改成了「入學考試費、入學金及授業費」。另外還規定「本令實施之際，文部省直屬學校不受通常校規學則之限制而在學的外國人（筆者註：即旁聽生），可視爲依據本令而入學者。」

由此可見。這個時期的清國留學生進入日本的大學或官立高等、專門學校學習，是繼矢野提案之後，經雙方政府協商，並由日本文部省頒布文件通令各校而實施的；且未經過正規的入學考試，屬於旁聽生。

〔資料1〕是筆者依據本章的考察整理出的「清末最早的「文科」留日學生概況表」。由此可以看出，這個時期的留日學生在經過了一段時間的日語和普通學課程的補習之後，大都進入了「一高」或東京專門學校學習，而在「一高」經歷了相當時間的大學預科學習後的浙江籍 8 名學生，又大多相繼轉入了東京帝國大學分科大學的「選科」！他們的經驗很可能在某種程度上影響了「新政」實施期的留日政策的制定。

二、郭開文學習「法政」及選擇東京帝大分科大學「選科」的緣由

2-1　獎勵遊學政策的出臺與清末留日大潮的到來

「事宜片」獲准後不久，因戊戌政變保守勢力抬頭，選派赴日留學事宜在以後的幾年裡，並未見長足的發展。據不完全統計，截至到 1903 年，東京的中國人留學生總數分別是 1898 年 77 名，1899 年 143 名，1900 年 159 名，1901 年 266 名，1902 年 727 名〔註16〕。

1900 年的義和團運動、八國聯軍入侵首都北京、辛丑條約的簽署給沒落的清廷又是一記致命的打擊。爲挽救搖搖欲墜的封建統治，西太后不得不下令實施「新政」。

「新政」的一個主要內容便是興學堂、廢科舉。1902 年公布推廣學堂辦法，頒布《欽定學堂章程》（又稱壬寅學制），1903 年末又在壬寅學制的基礎上再次制定了《奏定學堂章程》，中國的近代教育終於邁出了極其艱難的一步。然而，學堂的設立一無校舍，二無師資。前者只有將已有的大小書院、民間祠廟，改作學校；後者則不得不仰仗「東西各國教員」，即聘請外國教習。所聘外國教習中日本人最多，郭開文最早進學的成都東文學堂就是這個

〔註16〕轉引自周一川：《近代中國女性日本留學史》，社會科學文獻出版社，2007 年版，第 5～6 頁。

〔資料１〕清末最早的「文科」留日學生概況表

時期	派遣主體及人數	姓名	到日時間	補習機構（期間）	入讀學校（期間）	轉入或升入學校（期間）	歸國時日，學業程度及歸國後的功名、職業等
無政策期	駐日使館 13 名	唐寶鍔	1896.6	嘉納治五郎的私塾（3 年）	東京專門學校	早稻田大學政治經濟學部	1905 年；進士
		戢翼翬					
		胡宗瀛					
		馮闓謨				東京帝大法科（6 年：1902.9～1903.7，1904.9～1909.7）	
		朱忠光					1899 年；東京高師附中 3、4 年級
		呂烈輝					
		呂烈煌					
	杭州蠶學館 2 名	嵇侃	1897.11	大阪山本憲私塾（3，4 個月）	琦玉縣競進社蠶業講習所	東京高等蠶絲學校	1901 年夏畢業回國
		汪有齡			第一高等學校（1899.9～）	法政大學	
	浙江求是書院 4 名	何燏時	1898.4	日華學堂（1 年零 5 個月）	第一高等學校（1899.9～）	東京帝大工科（1 年：1903.9～1904.7）	
		陳榥				東京帝大工科（3 年：1902.9～1905.7）	
		陸世芬				高等商業學校	
		錢承志				東京帝大法科（3 年：1901.9～1904.7）	
	浙江自費	吳振麟	1898.10	日華學堂（11 個月）	第一高等學校（1899.9～）	東京帝大法科（3 年：1901.9～1904.7）	1904 年被任命為清國留學生監督
有政策後	南洋公學 6 名	章宗祥	1899.1	日華學堂	第一高等學校（1899.9～）	東京帝大法科（2 年：1901.9～1903.7）	1903 年 9 月；京師大學堂教習
		富士英				早稻田大學	1903 年 9 月；舉人
		胡礽泰					留學美國
		雷奮					
		楊蔭杭			東京專門學校		1902 年 5 月；政治理財科卒業文憑；南洋公學譯書院
		楊廷棟					

當口創立的，該校聘請有服部操、河田喜八郎等多名日本教習。隨後的近 10
年間，僅四川省的日本人教習就超過了百人〔註17〕。用郭沫若的話說，「就像
這樣騙小孩子的體操都要日本教習來教，連那樣基本的口令都沒有翻譯成中
文，可見當時辦學人的外行，也可見中國人的辦事草率了。」〔註18〕

　　章程還規定「速派人到外國學師範教授管理各法」，「員數以多爲貴，久
或一年，少或數月，使之考察外國各學堂規模制度，及一切管理教授之法，
詳加詢訪體驗，目睹外國教習如何教，生徒如何習，管理學堂官員如何辦
理。回國後，分別派入學務處暨各學堂辦事」，且「歐美各國，道遠費重，即
不能多往，而日本則斷不可不到。此事爲辦學堂入門之法，費用萬不可省。
即邊瘠省分，至少亦必派兩員。」急切之情溢於言表！

　　受其影響，1904 年 5 月四川省一次便向宏文學院派出了 160 餘名速成師
範留學生，宏文學院還爲其專門成立了「四川速成師範科班」，截至到 1905
年 1 月，先後在宏文學院學習的四川籍學生幾近 200 名〔註19〕。

　　「新政」的實施同時還急需政策、科學等多方面的人才。1901 年 8 月（舊
曆）張之洞等人上奏朝廷并准諭：「造就人才。實係當今急務。前據江南、湖
北、四川等省選派學生出洋肄業。著各省督撫一律仿照辦理。（中略）如有自
備旅資出洋遊學者。著各該省督撫咨明該出使大臣隨時照料。如果學成得有
優等憑照回華。准照派出學生一體考驗獎勵。候旨分別賞給進士舉人各項出
身。以備任用。」於是，在各省督撫紛紛向日本派遣官費留學生的同時，自
費留學生人數也迅速增加。

　　1903 年 10 月，張之洞又奉慈禧之命，經與駐清日本公使內田康哉協商，
主導制定了《約束遊學生章程》、《獎勵遊學畢業生章程》、及《自行酌辦立案
章程》等一系列較爲全面的留學章程〔註20〕。

　　《約束遊學生章程》和《自行酌辦立案章程》的一個重要內容是如何防
止在日留學生參加革命活動。前者除規定對留學生在選擇學堂、課業、品行
等方面進行嚴格管理之外，還要求學堂對「背其本分」，「妄發議論，刊布干

〔註17〕藍勇、闞軍：〈近代日本對四川文化教育的影響初探〉，《中華文化論壇》2004
　　　　年第 3 期。
〔註18〕郭沫若：《少年時代》，人民文學出版社，1979 年版，第 41 頁。
〔註19〕王笛：〈清末留日學生述概〉，《四川大學學報》（哲學社會科學）1987 年第 3
　　　　期。
〔註20〕《張之洞全集》第 4 冊，武漢出版社，2008 年版，第 162～165 頁。

預政治之報章」的學生「隨時考察防範」。後者規定保送學生入日本各學堂時，政治、法律、武備 3 門「宜分別限定名數，每年只准保送若干名。武備一門非官派學生，不准保送。政治、法律兩門亦先盡官派學生保送。」其主要意圖無非在於封殺顛覆政權的一切可能性。

《獎勵遊學畢業生章程》則是把兩年前的奏准辦法具體化了，即規定如在日本的學校獲得相應的學歷證明，則可依據情況獎勵舉人、進士等功名，並授予官職。這對當時因科舉將廢而迷失出路的眾多舊式知識分子來說，可謂天降福音！於是乎便浩浩蕩蕩地出現了中國有史以來的第一次留日狂潮。

據李喜所統計，1903、1904、1905、1906 年度的留日學生人數分別是 1300 名、2400 名、8000 名、12000 名，至此留日大潮達到了頂峰〔註21〕。日本也相繼出現了大量的、有的甚至被揶揄為「學商」「學店」的接受清國留學生的各種教育機構。鑒於這些教育機構在教育程度及所設專業方面出現的諸多混亂現象，1906 年末清國留日學生監督處設置後，將留學生可以保送入學的私立學校限定為 16 所〔註22〕。

郭沫若的大哥郭開文正是頂峰時期，即 1905 年正月以四川省費資格派遣到日本留學的。他到日本的這一年，也是上述四川派遣的大量速成師範留學生完成「速成」學業開始陸續回國的一年，郭沫若 1906 年春考進的嘉定高等小學堂裡就有兩名教習是從宏文學院留學回國的，國內新式學堂的師資也因此得到了部分緩解。另一方面，清末推行的「新政」改革方向是以學習日本，推行君主立憲為核心的，而中國傳統知識分子中「學而優則仕」、「讀書做官」的思想根深蒂固。故而，留日大潮頂峰時期的又一特點是學習速成法政的人居多。僅法政大學清國留學生法政速成科在 1904 年 5 月到 1906 年 9 月的兩年多時間裡就招收了兩千多名清國留學生，約占這兩年清國留學生總數的 13% 以上。

2-2 先人走過的路──京師大學堂派遣「一高」留日學生的選擇

那麼，郭開文為什麼進了東京帝大法科大學的「選科」呢？進該「選科」需要什麼條件，進學之後又意味著什麼呢？筆者在對「一高」特設預科時期的郭沫若進行考察時，得知 1905 年 9 月至 1909 年 7 月的 4 年間，與郭開文

〔註21〕同注 16。
〔註22〕大里浩秋：〈《官報》をよむ〉，大里浩秋・孫安石編：《中國人日本留學史研究の現段階》，御茶の水書房，2002 年。

同在「選科」學習的有 5 名是 1904 年 1 月由京師大學堂派往一高學習了 1 至 2 年預備課程的中央派遣生，他們分別是唐演、鍾庚言、劉冕執、劉志成、陳治安。詳細請參見〔資料 2〕。

〔資料 2〕 1905～1909 年度東京帝大法科大學「選科」在冊清國留學生名單

	在學年度	在籍總人數	留學生數	留學生姓名
法律學	1905～1906	23	3	刑之襄、△劉成志、△唐演
政治學		33	10	周家彥、張競勇、張競仁、伍崇明、○郭開文、黃汝鑒、張春濤、熊垓、周柏年、辛漢
法律學	1906～1907	27	5	△唐演、刑之襄、△劉冕執、高朔、謝曉石
政治學		42	17	周家彥、○郭開文、周柏年、劉志揚、馮閱模、張競男、黃汝鑒、辛漢、經家齡、劉瑩澤、張競仁、張春濤、△鍾庚言、張友棟、△劉成志、熊垓、王侃
法律學	1907～1908	28	5	△唐演、高朔、梁載熊、謝曉石、沈家彝
政治學		42	18	○郭開文、辛漢、周家彥、黃汝鑒、張競男、張春濤、張競仁、周柏年、△劉冕執、馮閱模、錢樹芬、△劉成志、△鍾庚言、經家齡、劉志揚、王侃、張友棟、△陳志安
法律學	1908～1909	25	5	△劉冕執、沈家彝、謝曉石、△唐演、梁載熊
政治學		31	11	張競男、△劉成志、○郭開文、周柏年、周家彥、辛漢、△陳志安、張友棟、△鍾庚言、馮閱模、王侃

注：依據《東京帝國大學一覽》做成。△乃 1904 年 1 月由京師大學堂選派，並在舊制一高接受過委託教育的留學生。

　　考察這 5 名留學生進入東京帝大前的學習經歷和所學課程，無疑有助於我們對郭開文留學學校的選擇及其留學成果有一個更深入的瞭解。

　　1904 年 1 月，由京師大學堂選拔派往東京一高的留學生有 31 名〔註23〕。

〔註23〕他們是杜福垣、王桐齡、唐演、顧德鄰、吳宗拭、成儁、馮祖荀、朱炳文、習聘臣、黃芸錫、黃德章、余啓昌、曾儀進、朱獻文、屠振鵬、范熙壬、周宣、朱深、張輝曾、陳發檀、景定成、鍾庚言、何培琛、劉冕執、史錫綽、劉志成、王舜成、蘇振潼、蔣履曾、王曾憲、陳治安。參見薩日娜：〈舊制第一高等學校に學んだ初期京師大學堂派遣の清國留學生について〉，《科學史研究》第 49 卷，2010 年。

31 名中有 10 名一開始就希望進入帝國大學的法科大學學習。以下是筆者依據《六十年史》對他們在一高時期的兩年學習情況進行的翻譯整理：

1 月 23 日至 25 日是學力測驗，根據日語水平分成甲、乙、丙 3 班集中學習日語〔註24〕。自 2 月 6 日開始上課，每周除 6 小時體操外，日文和日語合計 12～14 小時〔註25〕。4 月又對法科及文科志願生增加 4 小時歷史，理、工、農、醫志願生增加 5 小時數學，有餘力者可兩科兼修。兩科都用平易的日語講授，難解之處附加漢譯。6 月下旬各科考試結果表明雖有進步，但若 9 月編入一高本科，日語仍需進一步加強。於是利用暑假集中授課，每周日語 18 小時、數學 12 小時、歷史地理 12 小時、博物 12 小時；博物課包含實地採集和簡單的實驗。8 月下旬，最優秀者 3 名准其預備學習畢業，其餘根據日語快慢將學生重新分作兩班〔註26〕。

9 月 14 日與該校日本學生一起參加入學式，並編入學籍在冊。根據各自的志願大多數被分配到本科一部（文科）各班跟日本學生一起學習外語、歷史地理和數學。但因有的提出想更改專業，有的希望延長或縮短留學期限，於是在本科隨聽之外，又特設「速成一部甲」，主修英語、歷史地理、法制和哲學（5 名）；「速成一部乙」，主修德語、歷史地理、法制和哲學（2 名）；「速成三部」，主修德語、數學、動物植物、物理化學（1 名）；還有「延長二部」（9 名）和「延長三部」（1 名）。能跟日本學生聽下來所有課程的只有 3 名，1 名是文科，2 名是理工科。要求更改專業的人當中有 7 名欲改法科，欲改醫科、工科、文科的各 1 名；有 8 名提出將留學年限縮短為 1 年，有 10 名「為能得與日本學生一律授課」提出延長 1 年的預備學習。

1905 年 2 月至 8 月，為欲提前結業而進入東西兩大學（筆者註：即京都帝國大學和東京帝國大學）「選科」的學生每周增加 4 小時法制、經濟大意和倫理、論理、心理概略的課程。7 月考試，除學習優異者，多數成績不及日本學生。儘管如此，因非正規學生，也就

〔註24〕「選科」的鍾庚言和劉志成被分配到甲班，陳治安被分配到乙班，唐演和劉覓執為丙班。
〔註25〕其中「日文」，也就是文語為 10～11 小時。
〔註26〕最優秀者 3 名是鍾庚言、杜福垣、張輝曾。

不拘泥該校的「進級規程」而使其由 1 年級升入 2 年級。

暑假補習日語、外語和物理化學，但多數留學生回國，只有數人留下上課。對申請延長學習留在預科的，則從此升入一高本科，合計 9 名，皆被編入第二部（理工科）和第三部（醫科）1 年。在「速成」部主修英語、德語、論理心理和法制經濟的只剩 1 名。

同年 9 月，有 4 名（起先是 5 名，有 1 名因病回國）法科志願生和 1 名醫科志願生轉入京都帝國大學「選科」，2 名法科志願生轉入東京帝國大學「選科」〔註27〕。對轉入京都帝大的 4 名法科志願生，還特意委託該科的日本學生幫助他們整理筆記，并回答其提問。這 4 名法科生是顧德鄰、黃德章、曾儀進、朱獻文。

綜上所述，31 名留學生中希望「速成」或半年後即進入「一高」本科隨日本學生學習的多為文科生。這和當時日本學校教材多用文語，對京師大學堂的秀才們來說相對比較容易有關。而學理工科或醫科的大都將預備學習由半年延長到了一年半。也就是說在當時，相對於理、工、農、醫來說，法科和文科由於學生的漢學素養、教材用語及所學日文等特點，可期望速成。有三分之一的學生在結束了兩年的預備學習之後，即轉入東西兩帝大法科大學「選科」學習〔註28〕。

還據《六十年史》稱，1905 年 4 月前後，清國留學生和日本學生間有很多人議論清國的政治，於是文部省下令要求各學校校長加強訓誡：「學生不可超越本分有政治性言論或行動」，「日本學生挑撥清國留學生，使其談論政治或採取政治性行動，難免招惹無法收拾的局面」。8 月，鑑於清國留學生迅速增加，東西兩帝國大學稱其對接受現有一高收容的留學生都有困難。於是文

〔註27〕 從〔資料 2〕看，這兩名當為劉成志和唐演。
〔註28〕 注 23，薩日娜論文依據「東京大學第一高等學校關連文書」《明治三十六年至明治四十五年　外國人入學關係書類第一高等學校》說：到了 1905 年 9 月，京師大學堂的留學生相繼從一高畢業，升入了東京、京都兩帝國大學學習。其中，杜福垣、唐演、習聘臣、余啓昌、屠振鵬、范熙壬、周宣、朱深、張輝曾、陳發檀、劉晁執、劉志成 12 人進了東京帝大法科，陳治安進了文科，鍾庚言進了農科。筆者查《東京帝國大學一覽》，1905～1909 年度的法科大學學生名簿中並不見杜福垣、習聘臣、余啓昌、屠振鵬、范熙壬、周宣、朱深、張輝曾、陳發檀的名字；鍾庚言、陳治安則分別從 1906 年、1907 年度開始在冊，參見〔資料 2〕。

部省下令除第一部（文科、法科）外，在相當的一段時間內，沒有專門學務局長的認可，不准允許外國人入學。顯然在 1905 年 8 月以後能轉入兩帝大旁聽「選科」的門戶就只剩文法兩科是敞開的了。

這些清末早期留日學生中的精英，之所以爭相進入東西兩帝大法科大學的「選科」學習，其原因是多樣的。從〔資料 1〕「清末最早的「文科」留日學生概況表」中可以推測：最早進入「一高」的浙江籍 8 名學生的取向，不僅影響了新政實施期的留日政策的制定，尤其是章宗祥歸國後即被調任京師大學堂教習一事，還很可能影響了京師大學堂派遣生在進學志願上的選擇，即選擇帝大分科大學的「選科」是先人走過的路！

2-3　《獎勵遊學畢業生章程》的內容及東京帝國大學的「選科規程」

那麼，早期官派留日學生爭相進入兩帝大「選科」學習，還有沒有其它原因呢？

我們再回頭看一下前面提到的張之洞 1903 年 10 月擬定的《獎勵遊學畢業生章程》的具體內容：

（1）在普通中學堂五年畢業，得有優等文憑者，給以拔貢出身。

（2）在文部省直轄高等學堂暨程度相等之各項實業學堂三年畢業，得有優等文憑者在學前後通計八年，給以舉人出身。

（3）在大學堂專學某一科或數科，畢業後得有選科及變通選科畢業文憑者在學前後通計或十一年或十年，給以進士出身。其由中學堂畢業逕入大學堂學習選科，未經高等學堂畢業者在學前後通計七年或八年，其獎勵應比照高等學堂畢業生辦理。

（4）在日本國家大學堂暨程度相當之官設學堂三年畢業，得有學士文憑者在學前後通計或十年，較選科學問尤爲全備，給以翰林出身。

（5）在日本國家大學院五年畢業，得有博士文憑者在學前後通計或十六年，除給以翰林出身外，并予以翰林升階。

獎勵章程的規定，如上所述，是諮詢過日本公使內田康哉的，大致階梯無甚不可，只是要求就讀年限之長令人興嘆！但有一點，即 5 個等級中惟有（3）「在大學堂專學某一科或數科，畢業後得有選科及變通選科畢業文憑」這一款，對有一定漢學根基而到日本後又存在語言障礙、科學預備知識不足等問題的壯年留學生來說是可望亦可及的，更何況授予的還是「進士」出身呢！

而 4 年後的實際情況是，「官費、公費、自費學生之得畢業人數，其速成者居百分中之六十，其普通者居百分中之三十，其中途退學輾轉無成者居百分中之六、七，其專門高等者僅居百分中之三、四，而入大學者則不過百分中之一而已」〔註29〕。

那麼，東西兩帝大的「選科」又是怎麼回事呢？

東京帝國大學明治 30～31 年度（1897～1898）的「選科規程」規定：有志願選修分科大學中的一門或數門課程者，如各年級「正科生」定員有缺，可於學年之初允許其作爲「選科生」進學；選科生年齡須在 19 歲以上，且經主管教授口試審核其具備所選課目能力者，方准入學；選科生與正科生一同參加考試，達到升級標準者，可根據自願由分科大學授予「成業」證書；凡所選課目，未至「成業」者，不得轉選其它課目。

也就是說「選科生」是不必通過入學考試的，且只要經過任課教授的口頭審核即可的旁聽生。「選科規程」針對的不只是外國留學生，更多的是日本學生。在明治 42～44 年度的法科大學「學士及畢業生姓名」一欄裡記錄有數名「選科」「成業畢業生」，但都是日本人。

帝大「選科」的特點跟「一高」和法政大學速成科不同，沒有專門爲留學生開設的課程，需要和「正科」的日本學生一起聽課。「一高」在 1905 年 8 月往京都帝大護送法科志願生時，特意委託該分科大學的日本學生幫助整理筆記并回答其提問，也正是這個原因。

郭開文在東京帝大法科大學的「選科」學習了 4 年，未至「成業」，就連最早的使館留學生馮闓謨在日本逗留了十多年，在「選科」先後呆了 6 年也未能達到。至於最早在該「選科」學習的章宗祥是否拿到了「成業」證書，筆者查閱了相關史料，未見其名。或許在當時他承蒙任課教授的好意，取得了所謂的「變通選科畢業文憑」也未可知。

帝大法科大學的「選科」因其難度大、而對留學生來說又徒具虛名的實際情形，或許沒多久就傳到了清廷決策人的耳朵裡。1908 年 4 月，隨著「五校特約」的即將實施，清政府決定「即使在日本官立法科大學留學，對於選科學生不支付官費」〔註30〕。由此筆者想到了二哥郭開佐在準備報考特約

〔註29〕 楊樞：〈日本遊學計劃書〉，1907 年 7 月 29 日。陳學恂主編：《中國近代教育史教學參考資料》上冊，人民教育出版社，1986 年。
〔註30〕 多賀秋五郎：《近代中國教育史資料》（清末篇），1972 年。

五校期間，於 1908 年秋「因爲錢不夠用」和大哥郭開文之間發生「間隙」〔註31〕，甚至想到了自殺的另一個原因：即郭開文這時候可能已經被終止了官費！

結　語

　　清末最早的普通留日學生派遣是從浙江地方政府開始的，在京師、廣州兩同文館開設史上首例日語教育的半年多以後，當時清廷對向日本派遣留學生還沒有一個明確的規定。

　　甲午之戰給清廷朝野的打擊是巨大的，然而清廷擯棄傳統邁向近代化的步伐卻是緩慢的。1898 年 5 月，日本駐清公使矢野文雄向清政府提議表示願意接收 200 名清國留學生并承擔其留學費用。此提案促使總理衙門頒布了決意派遣留日學生的第一個章程——「遵議遴選生徒遊學日本事宜片」。

　　依據該「事宜片」，清政府首次選派了 60 餘名赴日留學生。其中南洋公學的 6 名於 1899 年 1 月抵達日本，跟最早的浙江派遣的「文科生」一起受教於日華學堂，學習日文和普通學。南洋公學派遣生在經過了一段時間的預備學習之後，其中章宗祥和富士英 2 人估計是在同年 9 月，與浙江籍的 6 名先期留學生一同進了東京第一高等學校旁聽，成爲該校接受最早的外國留學生。因有源於矢野提案的日本政府的承諾，他們在校期間的一切學費和寄宿費是免交的。日本文部省當時還特意發布文件通令各直屬院校予以實施。

　　之後，浙江籍的 8 名「一高」旁聽生中，有 5 名再度升入東京帝大法科或工科大學的「選科」旁聽。南洋公學的章宗祥在法科大學的「選科」旁聽學習了兩年後回國，隨即被調任京師大學堂教習。他們的經歷很可能對清末早期留日政策的制定起到了某些作用。章於 1904 年 1 月即被派引領大學堂的 30 多名選拔生赴「一高」留學。

　　辛丑新政的諸項舉措給中國人的日本留學帶來了新契機。1903 年張之洞奉詔制定了一系列較爲全面的留學章程，尤其是其中的《獎勵遊學畢業生章程》，對因科舉將廢而迷失出路的舊式知識分子來說，可謂天降福音！而個別條款內容對於日語根基差而又缺乏科學預備知識的成年留學生來說，無疑是提出了一條有利於立身出世的便捷途徑。

　　先期留學生的經驗及獎勵遊學政策的導向，致使後來京師大學堂選派的

〔註31〕同注 2。

眾多留學生精英及郭開文等人也選擇了進帝大分科大學「選科」旁聽這條路。帝大的「選科」不只是針對留學生的，而且選科生須與「正科生」一同參加考試，達到升級標準者方可授予「成業」證書。東京帝大法科大學的「選科」，在 1910 年前的近 10 年中沒有授予一名外國人「成業」證書。

郭開文在東京帝大法科大學的「選科」學習了 4 年，雖然未拿到「成業」文憑，卻與同期同科同鄉的張春濤於 1907 年共同翻譯出版了《漢譯法律經濟辭典》一書（參見〔資料 3〕），可以說是他留日期間唯一有形的收穫。該書現在東京都立中央圖書館實藤文庫有存本。

〔資料 3〕郭開文、張春濤合譯《漢譯法律經濟辭典》

【図版39】《漢訳法律経済辞典》1 p.（左）と最後のページ（右）（実藤文庫所蔵）

（出典：實藤惠秀：《中國人日本留學史》，1981 年）

（作者單位：日本大學非常勤講師）

清末民初中日教育交流的初始意義——
兼論郭沫若留日經歷對其參與新文化運動的影響

錢曉宇

〔摘要〕本文從跨文化交流的角度,對清末民初中日兩國教育交流進行一定的回顧,結合清末「新政」對留日潮的出現所施加的影響,聯繫民國初年全球性文化交流的實際,探求清末民初教育交流的初始意義,並對郭沫若等曾赴海外留學的現代知識分子如何借助此經歷參與到國內新文化運動中的特殊細節或環節進行再分析、再思考。

〔關鍵詞〕教育交流、清末新政、新文化運動、留學體制

　　文化交流的價值不論對內還是對外都毋庸置疑，探討清末民初中日教育交流初始意義的目的除了回顧跨文化交流的事實細節，還能釐清其引發的一系列化學效應，比如後續者們，如郭沫若等現代知識分子的留日經歷與國內新文化運動發生與發展的關係就是其中的一個效應。放在大的歷史語境下重新審視中日教育交流的初始狀態，不論是最初階段的鋪墊，還是歷史事件、歷史人物獨特性質的顯現皆非純屬偶然。跨文化互動活動聚焦在海外交流上時，留學制度的生成、發展及影響成為值得重視的板塊。清朝末年，作為史上關鍵階段，直接影響了中國現代教育格局的形成，至少為郭沫若等現代知識分子成長所需的複雜環境提供了某些條件，更間接催生了之後的新文化運動。

一、前緣

　　留學生制度其實是個雙向概念，有派出方就有接受方，有海外篇也有歸國篇。中日兩國的高等教育交流可以上溯到公元七世紀，從廣義的文化交流角度來說，甚至更久遠一些。有說中日交流始於公元前 200 年，也有說始於公元 1～2 世紀的，其實，據記載，上古、遠古時代，亞洲大陸與日本列島就存在交通線路。

　　至於教育交流，兩國交往史上記載了唐朝教育制度被移植到日本的諸多細節。「大化革新以後，日本朝廷在全面引進唐朝政治法令、文化藝術以及生活方式的同時，也仿照唐朝的教育制度建立自己的貴族學校教育制度。」〔註1〕雖然早在 1871 年，清政府就決定派遣幼童赴美留學，並預備這批小留學生學成歸國後，「由駐洋委員臚列個人所長聽候派用，分別奏賞頂戴、官階、差事」，〔註2〕但接下來，赴日留學風潮漸起且聲勢愈顯，「1896 年張之洞奏請派兩名學生去日本留學，這是中國向日本派遣留學生的開端。」〔註3〕張之洞當年奏請派遣留日學生雖以匡救國運為出發點，但此初衷還是經過一番權衡才形成的，他認為留日與留歐美的優勢在於：「一，路近省費，可多遣。一，去華近，易考察。一，東文近於中文，易通曉。一，西書甚繁，凡西學不切要者，東人已刪節而酌改之。中東情勢風俗相近，易仿行，事半功倍，

〔註1〕　王桂：《中日教育關係史》，山東教育出版社，1993 年，第 106 頁。
〔註2〕　周棉：《留學生與中國的社會發展》第 2 卷，吉林人民出版社，2008 年，第 101～102 頁。
〔註3〕　季鑫泉：《世界與中國 150 年》，重慶出版社，1994 年，第 99 頁。

無過於此。」〔註4〕魯迅先生當年赴日留學就是在這樣一個官方支持和呼籲的背景下成行的。

實際上，直到清末，在世界文化交流，尤其是中日教育交流中，中國都不是派出方，而是接納方。不少日本留學生冒險走海路來到中國求學，與此同時，歐洲不少國家也常把中國作爲主要的交流目的國。只不過，到了清末民初時期，這一格局發生了變動。近代中國包括留學制度、文學交流等在內的文化交流，就像政治、經濟、軍事一樣，發生了逆轉。雙向交流這個原本表達著對等理想的概念出現了另一種不對等的傾向——中國逆轉成爲派出國，開始向海外派遣留學生了。清末從 1896 年開始的留日大潮甚至被稱爲「中國人留學日本運動」。〔註5〕

有學者提出「強勢文化」和「弱勢文化」的概念，並因此探討交流的不平衡問題，得出一個較公允的結論：「……文化交流的不平衡並不令人奇怪，只要存在著文化價值的差別，存在『強勢文化』與『弱勢文化』，不平衡就是人類文化交往中的常態。」〔註6〕如果不平衡是常態，那就大可不必糾結於「強勢」或「弱勢」，而且，趨向平衡或者不平衡逆轉都應該算是常態下的應有之意。中方留學生們到了目的國之後，選擇不同專業、進入不同學科領域。不少留學生回國之後，他們獲得的專業知識、受到的西方高等教育訓練，所接觸到的海外龐雜的文化思潮，直接或間接影響了本土文化潮流、中國政經格局、高等教育理念等一系列社會現代化進程中亟待解決的問題。

二、清末「新政」與留日潮

對中國而言，教育交流的逆轉不應該只被視爲無奈之舉，還應發現其積極的一面。從一種文化輸入或輸出的不對等過渡到另一種不對等，可以清醒認識到自身文化的價值及其受到的挑戰。1896 年（光緒 22、明治 29）年舊曆 3 月底，清朝第一次派遣學生十三人抵達日本，他們是經過總理衙門選拔的。此後，中國留學生人數開始增加，到了 1899 年增加到兩百名，1902 年達四五

〔註 4〕 王吉鵬：《魯迅及中國現代文學散論》，吉林人民出版社，2001 年，第 101 頁。

〔註 5〕 沈殿成：《中國人留學日本百年史》（上冊），遼寧教育出版社，1997 年，第 3 頁。

〔註 6〕 張福貴：《中日近現代文學關係比較研究》，吉林大學出版社，1999 年，第 5 ～6 頁。

百名，1903 年有一千名，至 1906 年，官方統計顯示有一兩萬之多，日本學者實藤惠秀認爲：「1906 年留日學生實數約爲八千名左右；即使如此，一個國家一下子送出八千留學生，而另一個國家一下子接受八千留學生，這種情況，歷史上恐怕也不多見吧？」〔註 7〕

對於接受方日本而言，對清末留日潮也持有不同的態度：「大致說來，中下層人士希望通過中國學生赴日加強兩國的學術文化交流，加深兩國人民的感情。少數上層人士，則寄希望於通過吸納留學生，培養中國人的親日感情。當時日本駐華公使矢野文雄即稱：接受中國留學生，『受我感化之人才播布於其古老帝國之中，實爲將來在東亞大陸樹立我之勢力之良策』」。〔註 8〕除上述兩種態度，當年日本文化和教育界的一些人士對這一逆轉還從其它角度，做出過比較友好而客觀地評論。上田萬年，作爲文部省專門學務局長兼東京帝國大學教授，1898 年就發表《關於清朝留學生》〔註 9〕，表達了自己對中方派遣留日學生這一趨勢的觀點。他認爲中國作爲古老的帝國，近代以來，尤其是甲午之戰後，顯示出暮年衰敗氣，向日本派遣留學生進行教育文化交流就是覺醒的表現，更直言清朝政府在 1898 年前還一直未重視日方，如今把他們的人才派遣過來，委託他方教育培養，作爲留學目的國的日本應該重視，並要擔起此重任。

大町桂月也曾於 1902 年在《太陽》雜誌「時事評論」（教育）欄中表示：「中國的急務在發展教育，而教育上的急務在派遣海外留學生；今年派遣學生來向昔日的弟子問道求益，眞不愧大國風度。」〔註 10〕

當然，晚清赴日留學潮的成因並不單一。有學者把留日動機細分爲出於愛國主義或個人安身立命的功利目的；出於修正對西學的偏見，學術或實踐上的潛心追求；出於政治避難，選擇一個就近的處所；抑或是部分「貴冑世家」子弟爲了開拓眼界，廣布人脈的鍍金之舉等等〔註 11〕，但不少研究晚清赴日留學的學者們認爲清末「新政」是赴日留學潮興起的主要動力。

〔註 7〕 （日）實藤惠秀：《中國人留學日本史》，北京三聯書店，1983 年，第 1 頁。
〔註 8〕 沈殿成：《中國人留學日本百年史》（上冊），遼寧教育出版社，1997 年，第 5 頁。
〔註 9〕 （日）上田萬年：〈就清國留學生〉，《太陽》第 4 卷第 17 號，1898 年 8 月 20 日。
〔註 10〕 （日）實藤惠秀：《中國人留學日本史》，北京三聯書店，1983 年，第 2 頁。
〔註 11〕 李鳳斌：〈清末留日學生心態初探〉，收錄於《北京大學日本研究中心・日本學》第八輯，北京大學出版社，1997 年，第 103～123 頁。

　　清末「新政」本身就是一個極具研究價值的話題。「新政」不論在政治上是否成功，其影響力具有相當的輻射性。從 1896 年開始的清末留日運動，到 1905、1906 年達到最高峰，隨後走入低潮，其主要原因，不能只考察民族危機的刺激效應，在眾多因素中，「清政府的鼓勵政策是我們過去強調得很不夠的重要因素」。〔註12〕這裡所提到的鼓勵政策的出臺時期正與清末「新政」相呼應。清末政府的鼓勵產生了怎樣的回饋呢？有研究顯示，後來歸國的留日學生與清末「新政」在籌備立憲、教育改革、新軍編練、法治變革等方面都發生了良性互動。比如說清末影響深遠的關於新學制的改革主要以留日學生為智囊團，赴日考察的教育官員為主導，分別於 1902 年和 1903 年形成了《欽定學堂章程》（「壬寅學制」）和《奏定學堂章程》（「癸卯學制」）。尤其是後者，「設計了一整套學校制度，包括初等教育、中等教育和高等教育三級，奠定了中國近代教育制度的基礎……兩個學制均仿自當時日本通行的學制，尤其是《奏定學堂章程》，處宗旨外，學校編制和在學期限都與日本學制基本相同；所區別的，只是名稱的不同和當時在大學預科一級，因中國具體情況的相異，而把過去設立的一些學校，如方言學堂、實業教員養成所等編入而已。」〔註13〕

　　不僅如此，隨著清末留日制度的興起和趨穩，清政府 1905 年到 1911 年先後舉行了七次留學畢業生學成歸國考試，通過考試，近兩百人還因此獲得了進士出身，一千多人獲得舉人出身，近千人被直接授予官銜。這一考試制度甚至延續到了民國初年。考試制度嚴肅而細密，考生資格要經過嚴格審查，比如，中學學歷的留學生必須在國外高等學校學習三年以上，國內中學沒畢業的還需要再加上一年的預科，這樣才有資格參加歸國考試。

　　郭沫若先生留日回國的大哥郭開文的經歷也能進一步印證此類身份的中國學子們可以通過考試的途徑獲得進士或舉人出身，甚而直接被委以某一官職的事實——「大哥雖勸『我』學實業，但他到日本後也學的不是實業，而是『為時流所動學了法政回來』。大哥在日本『住了五六年』，學了『幾年』法政，回來在上海盛宣懷的商埠督辦衙門裡工作過，1910 年在北京考上了法科舉人，得到了七品小京官的頭銜，分發在法部衙門裡任職。」〔註14〕

〔註12〕《中日關係史研究》編輯組：《中日關係史研究》第 1 輯，東北地區中日關係史研究會 1981 年，第 64 頁。

〔註13〕尚小明：《留日學生與清末新政》，江西教育出版社，2003 年，第 49 頁。

〔註14〕廖久明：《郭沫若家世》，復旦大學出版社，2010 年，第 99 頁。

　　上一段材料還引出了一個當年關於留學目的、專業選擇的問題。顯然，郭開文選擇法政專業算是趕上「時流」，也就是通常說的某個專業的熱潮。當時的留學目的，尤其是官派公費留學有很鮮明的家國民族意識。

三、民國初期承前與轉向的共存

　　清末留日潮的同時，對於中方來說，留學目的國還涉及歐美（美、德、法、英等），隨著中國與俄羅斯在多方面的接觸，隨後還出現了一批留俄學生。以某某國為師成為當年自發留學或官派留學的主要目的。通過對留學生人數的列舉和比較，分析不同目的國對本土留學生的吸引力所在，以及留學走勢的起伏與變動，能間接反映出當年留日潮的情況。以留德為例，「中國人留學德國始於 1876 年官費生軍事留學。1881 年清政府又派福州船政學堂學生 10 餘名赴柏林學習……1901～1902 年在柏林弗里德里希‧威廉大學（現為洪堡大學）註冊學習德國文學、哲學、政治或神學等的中國學生就有 120 餘人。在 1908～1910 年前後，中國留德學生有 77 人，少於留法、留英者，而略高於留俄學生數。與同期留日、留美相比，留德學生人數明顯偏少。儘管如此，留德教育對於民國初年中國大學教育改革的影響卻並不遜色於留學日、美或歐洲其它國家。這主要是因為，19 世紀以來德國大學制度居於世界領先地位，影響遍及美、日等國，以德為師是中國近代大學改革的必然選擇。做出這一正確選擇並付諸實踐者則是傑出的教育界蔡元培。」〔註15〕

　　蔡元培先生曾經兩度赴德國求學，他的這兩段經歷（1907.7～1911.11；1912.9～1913.4）對中國國內的教育改革，尤其是現代高等教育改革起到了明顯的作用，「1912 年 10 月頒佈的《大學令》，提出大學是教授高深學問之所，強調文、理學科的學理作用，重視學術研究，廢止經科大學。這些內容表現出德國大學理念的導向，而與清末所效法的日本分科大學模式相異趣。1917 年 1 月，蔡元培就任北京大學校長後，推行一系列重大改革舉措，其中所受德國大學教育模式的影響則更為明顯。」〔註16〕

　　這裡提到的「與清末所效法的日本分科大學模式相異趣」，就自然引出了一個事實：清末以來，對於中國而言，現代高等教育的布局和制度化總體上

〔註15〕田正平：《教育交流與教育現代化》，浙江大學出版社，2005 年，第 132 頁。
〔註16〕田正平：《教育交流與教育現代化》，浙江大學出版社，2005 年，第 132 頁。

是取法西方，而日本就是一個辦學理念的重要來源。只不過，1912 年頒佈的《大學令》與清末新政的教育體制在師法對象上發生了一個變化，即從仿日轉而傾向效德。這也是清末民初留日運動落潮的一個表現，但是與海外開展文化教育交流，進行制度移植等理念並未因政權交替而終止。

隨著 1908 年後，中國赴日留學潮的漸趨落幕，重心的轉移必然帶來國內教育改革借鑒模式的變動。歐美諸國的影響見漲，這成為顯而易見的事實。相關例證不勝枚舉，歸結到中國高等教育現代化進程中教育交流的初始意義，還是可以毫不猶豫地說，清末中日教育交流對教育體制、教學模式的引進逐漸形成了慣性——就算不是中日間的交流，換成與其它國別的交流，這種主動意識業已促成。況且，日本明治維新的成功之處也在於對西方文化的大膽借鑒與引進。從這個角度上說，清末師法日本，而日本之前又好似一個二傳手般直面歐美西方世界，那麼，清末民初對於不同國家教育理念的引進在本質上是有很大溝通空間的。中國現代高等教育走到今天，回望初始點，頓然發現全球文化交流早就成為不可逆轉的客觀存在了。

四、郭沫若留日經歷對其參與新文化運動的影響

正是這樣一個大背景促成了郭沫若的赴日留學。1913 年底，郭沫若開啓了留日行程。表面上看郭沫若留日與國內新文化運動還不存在什麼直接關係，但如果沒有其留日舉動，很難想像他能夠通過如下幾個方面介入到新文化運動中去。

首先，結合留學目的國的教育培養體系，跨文化教育交流帶來了異質文化碰撞。留日學生在接受外來文化教育的同時，多語種轉換能力得到提升。這對於後來加入新文化陣營的郭沫若來說，實則是一種知識上、精神上的儲備。留學日本的專業選擇和學制特色，一定程度上促發了郭沫若與國內新文化運動發生互動。

具體而言，在國內，郭沫若報考過軍醫學校。他自己也曾證實：「天津的軍醫學校是國立的官費學校……自己當時，事實上並沒有存心學醫，應考軍醫只是想借一個機會離開四川，離開當時的苦悶。到了天津之後，雖然經過復試，仍被錄取，但卻沒有心腸入校，我便獨自跑到北京去了。當時我的長兄橙塢先生在做川邊駐京代表，雖然到日本、朝鮮去遊歷去了，但早遲是要回來的，我有這樣靠背，所以便決心跑去找他。這兒又是我一生的第二個轉

扭點，我到後來多少有點成就，完全是我長兄賜予我的。」〔註 17〕在郭家大哥郭開文的留日經歷參照下，郭沫若在日後選擇醫科的目的略顯曲折。其中有功利目的向理想的過渡，也有理想遠離後新方向的浮現。而牽扯到它們之間的變動，恰恰是中日教育實踐過程中，尤其是日本相關教育內容、教育規則無形中的牽引造成的。可以說，郭沫若選擇專業的自主意識正是在留日期間逐漸形成的。

如若沒有日本高等學校的升學規定和專業劃分標準，郭沫若也不會從眾多專業中選定醫科作為其理想專業的。按照 1945 年以前的日本教育制度，當年的日本高等學校相當於帝國大學預科（教以外國語為主的三年制預備課程），為入學帝國大學的學生提供語言等方面的素質教育，畢業於高等學校的學生將免試上九所帝國大學之一。

當時的專業方向主要有三大類：即學文哲、法政、經濟的第一部、學理工科的第二部，以及學醫科的第三部，而郭沫若：「對於法政經濟已起了一種厭惡的心理，不屑學；文哲覺得無補於實際，不願學；理工科是最切實的了，然而因為數學成了畏途，又不敢學；於是乎便選擇了醫科，應考第三部。這時的應考醫科，卻和在國內投考軍醫學校的心理是完全兩樣了。我在初，認真是想學一點醫，來作為對於國家社會的切實貢獻……」〔註 18〕。顯然，在選擇今後的學習方向時，不少留日中國學生一方面保持著治國興邦的志向，另一方面也會根據自身情況，結合情志興趣進行不同的選擇。郭沫若就是在這樣的學制下，明確了自己的學習興趣，在較清晰的狀態下選擇了醫科。

畢竟，在日本選擇學醫，無疑是捨易求難的舉動。「按照當時日本的學制，一個醫學生要熬到大學畢業，需要七年時間，其中高等學校三年基本上用來學德文，帝國大學醫學部四年才是真正的學醫年限；大學畢業後，還須有一年以上的實習階段。而中國留學生又須另外加上一年的高等學校預科，專門補習日語和數理化課程。這樣算來，郭沫若要實現自己的理想至少要花費十餘年的時間。」〔註 19〕可見其對醫科專業選擇的執著。雖然最後因為身體條件限制，沒有成為一名臨床醫生，但郭沫若在日本完成了全部的醫科學

〔註 17〕 郭沫若：《我的學生時代》，《郭沫若全集》文學編第 12 卷，知識產權出版社，2004 年，第 12 頁。

〔註 18〕 郭沫若：《我的學生時代》，《郭沫若全集》文學編第 12 卷，知識產權出版社，2004 年，第 13 頁。

〔註 19〕 周靖波：《郭沫若》，人民美術出版社，2000 年，第 23～24 頁。

習，獲得了學士學位則是事實。

郭沫若在日本留學時期，雖不曾主攻文學專業，但要學習外語。日本學校對於外語的訓練通常依託文學作品，因此，很自然地與歐美文學走近了。泰戈爾、雪萊、海涅、歌德等作家就是在那個時期走進郭沫若的世界，進而使其有機會接觸更多的北歐、法國、俄國文學。他曾說：「這些便在我的文學基底上種下了根，因而不知不覺地便發出了枝幹來，終竟把無法長成的醫學嫩芽掩蓋了。」〔註20〕顯然，若郭沫若未在日本選擇醫科，也就不可能那麼系統地學習德文及其它外語，並廣泛接觸到德國等歐洲文學作品。

眾所周知，郭沫若二十多歲就開始動筆翻譯歌德積累了六十年的生活經驗寫成的《浮士德》。「他開始翻譯《浮士德》是在 1919 年五四運動高潮中，那時他是日本東京帝國大學醫學部的留學生。」〔註21〕在翻譯第一部歌德少年時期的作品時，他感覺很輕鬆，很快就完成了這一部分。在不同場合，郭沫若都曾回憶他在翻譯第一部分時的情景：「我在翻譯的時候感到很輕鬆，原因是作品的內容很像我國的五四時代，思想也比較接近，因此譯的時候很順利，並不感到吃力。」〔註22〕顯然，郭沫若留日時期，外語閱讀訓練與其情感體驗接近之際產生了強大的共鳴，而時代主題上的高契合度決定了郭沫若在翻譯《浮士德》第一部時的高效，再聯想到郭沫若在新文化運動時期豐富的翻譯成果，就很能說明他留日所接受的教育對其創作、譯介、研究等方面的影響。

這可從郭老的回憶中得到進一步證實：「日本的醫學是德國系統，凡學醫的必須學習的德文。在高等學校的三年間，德文的功課極多，此外還有第二外國語的英文及初步的拉丁文……教外國語的先生大概都是帝大出身的文學士，本來並不是語學專家，又於學生們所志願的學科沒有涉歷，他們總愛選一些文學上的名著來做課本……我們在高等學校第三年級上所讀的德文便是歌德的自敘傳《創作與真實》（*Dichtung und Wahrheit*），梅里克（Morika）的小說《向卜拉格旅行途上的穆查特》（*Mozart auf Reisenach Prague*）。這些語學

〔註20〕 郭沫若：《我的學生時代》，《郭沫若全集》文學編第 12 卷，知識產權出版社，
2004 年，第 15 頁。
〔註21〕 姜錚：《人的解放與藝術的解放——郭沫若與歌德》，時代文藝出版社，1991 年，
第 230 頁。書中所稱「東京帝國大學」有誤，應改為「九州帝國大學」。
〔註22〕 《翻譯理論與翻譯技巧論文集》，中國對外翻譯出版公司，1983 年，第 13～
16 頁。

功課的副作用又把我用力克服的文學傾向助長了起來。」〔註23〕以上的事實皆證明，如若沒有具體的留學教育制度所提供的特定教育資源，很難想像身處其中的郭沫若等留日學生能夠在知識與精神層面獲得相應的觸動。

其次，「夏社」、「創造社」的存在可以一窺海外留學團體對國內文化思潮形成、甚至政經格局建立的參與和影響。新文化運動時期，海內外青年知識分子組成長期或臨時的各類專業或愛國團體比比皆是。李宗侗曾回憶當年巴黎和會召開時，中國留學生及工人在對德合約簽字問題上就起到的決定性作用，他甚至直言：「中國對於巴黎對德合約的不簽字，固然國內的學生反對很有力量，但是在法國的留法、留英學生及在法國的工人共同包圍中國代表團是不簽約的直接原因……」爲了阻止中國代表陸徵祥，簽字當天「共有學生工人四十餘人，包圍了聖克盧陸氏的寓邸，……另外這天工人中帶有手槍的也大有人在，預備等陸氏上車的時候，他們用槍打毀他的車胎，使他的車開不動。」〔註24〕可見，當年赴海外留學或旅居的中國人天然地對國內局勢傾力關注。他們的影響力雖然不至於達到遙控水平，但至少展示了其存在的強烈遙感力。

同樣，郭沫若與「創造社」在新文化運動中的活動和影響談得特別多，學者們也在很多層面上達到了共識。「夏社」的材料相對來說就沒有這麼豐富，但也引起了一些學者的注意。日本學者中島碧〔註25〕曾在 1987 年 1 月的《郭沫若研究第三輯》上發表了〈「夏社」資料〉，根據搜集的材料，文章披露「夏社」當時就被日方鑒定爲一個反日通信機關予以監視了起來。之後，卜慶華在〈郭沫若研究史實新考〉（載《湖南師範大學社會科學學報》，1992年第 2 期）上也有專節介紹「夏社」的由來。

〔註23〕閻煥東：《郭沫若自敘》，山西人民出版社，1986 年，第 96～97 頁。

〔註24〕陳占彪：《五四事件回憶：稀見資料》，北京三聯書店，2014 年，第 57～60頁。

〔註25〕中島碧於 1985 年 2 月 25 日在（日・京都）《颱風》雜誌第 18 號上發表過〈夏社資料〉，其中涉及日本花園大學小野信爾教授《青島民政部政況報告並雜纂》裏發現的日本外務省情報機關向日本外務次官提交的一份報告〈有關設置排日通信機關的報告〉（大正 8 年 9 月 16 日）。報告中涉及關於「夏社」的最原始資料。武繼平在其著作（《在異文化中的郭沫若——留學日本的時代》，九州大學出版會，2002 年，第 103～105 頁，中文版《郭沫若留日十年》，重慶出版社，2001 年版，第 116～122 頁）裏介紹了此資料的內容，並據此詳細解說過「夏社」的組織。

「夏社」儘管沒能得到壯大，也遠不如「創造社」的影響力，但正如回溯跨文化教育交流的初始意義一樣，也具有回望郭沫若實質上參與國內新文化運動的一個具有初始意義的存在。「夏社」就是日本福岡的中國留學生組織的一個愛國團體，成員不多，存在時間也不長，但郭沫若曾是「夏社」的發起者、組織者之一。1919 年「五四」事件爆發後的 7 月，福岡的留日中國學生郭沫若、徐誦明、劉先登、陳中等人在夏禹鼎的住處開了一次會，「夏社」正是在那次聚會中成立的。根據「夏社」有限的史料，可以肯定的是其宗旨在於抗日，並隨時追蹤國內新文化運動的動態，「專門搜集日本對華侵略的資料並譯成中文，或由夏社成員撰述些揭露日本侵略中國的文字，向上海各報館、學校投寄，以喚起民眾。『夏社』無固定的活動經費，由幾個人捐獻了一些錢，買了一架油印機和一些紙張、油墨，簡單地開展工作。在『夏社』中，郭沫若是工作最為熱心、出力最多的一個。由於參加『夏社』的同學，大多是學理工和醫科的，不善於作文章，故翻譯和撰稿的事就落在陳中和郭沫若的頭上。陳中因患肺病，精神不濟，做了一篇文章即回國了，只得由郭沫若唱獨腳戲，執筆、刻鋼板、油印和付郵全由他一人承擔。當時，郭沫若自己撰寫過好幾篇文章，據現在所能查到的資料，一篇是署名郭開貞的《同文同種辨》，刊登在 1919 年 10 月 10 日上海出版的《黑潮》雜誌第一卷第二期上。另一篇署名『夏社』，題為《抵制日貨之究竟》，亦與《同文同種辨》同期刊登。」〔註26〕

郭沫若對「夏社」所談並不多，人們多從他的《創造十年》中獲得相關信息，《郭沫若全集》文學編的第十二、十四、十六卷分別提及了「夏社」得名，成立時間、背景、具體活動等基本情況，比如「……福岡的同學，有幾位集合了起來組織過一個小團體，名叫夏社。這夏社是我所提議的名字，因為我們都是中國人，結社是在夏天，第一次的集會是在一位姓夏的同學家裡……」〔註27〕；「民八年（一九一九年）世界大戰終結。五四運動。組織夏社，開始投稿。詩的創作欲爆發。」〔註28〕；「民八是五四運動發生的一年，

〔註26〕卜慶華：《郭沫若研究新論》，首都師範大學出版社，1995 年，第 133～134頁。

〔註27〕郭沫若：《創造十年》，《郭沫若全集》文學編第 12 卷，知識產權出版社，2004年，第 55 頁。

〔註28〕郭沫若：〈五十年簡譜〉，《郭沫若全集》文學編第 14 卷，知識產權出版社，2004 年，第 463 頁。

我們在那年的夏天，響應國內的運動，曾經由幾位朋友組織過一個集會，名叫夏社，幹過些義務通信的事情。因爲要和國內通信，至少須得定一份國內的報紙，當時由大家選定了《時事新報》……」〔註29〕從上述文字可發現，1919 年不但是五四運動爆發的年份，也是留日的郭沫若他們爲響應國內運動而組織「夏社」的日子，《時事新報》則成爲郭沫若早期參與國內新文化運動的一個關鍵刊物。

那麼，留日求學、組織社團、訂閱《時事新報》之間有何關係呢？可以說，它們之間存在著隱性的因果邏輯關係：如果不是郭沫若等年輕學子赴日留學，就不會如此直接而深刻地體會到家國民族的苦難，也就不會爲了表達興邦振國理念而在異域組織結社，更不會因此選擇一個可以溝通國內與留學目的國之間的刊物作爲媒介，而爲什麼是《時事新報》呢？它被選中也不是毫無根據的。

《時事新報》是當時上海很重要的機關報刊，它的前身是汪劍秋 1907 年主編的《實事報》與 1908 年狄葆豐主編的《輿論日報》在 1909 年合併的《輿論實事報》，1911 年更名爲《時事新報》。「以上這些報紙，在清末時，都屬於維新派一系，主要宣傳變法維新、立憲政治。民國初年，《時事新報》成爲進步黨的言論機關，隨後又轉爲研究系的喉舌，直接接受到梁啓超的控制，護國運動時期梁啓超稱此間《時事新報》爲吾黨唯一之言論機關」。〔註30〕之後接掌《時事新報》達八年的主編張東蓀先生是梁啓超的忠實追隨者，也曾留學日本，他大膽地對該報進行了改革，並創辦了副刊《學燈》，親自爲其撰寫創刊宣言，旨在擯棄門戶之見，爲廣大社會學子提供原創、立論之所。

郭沫若就在「一九一九年九月十一日的《時事新報》副刊《學燈》上發表新詩而登上詩壇的」〔註31〕。他自己曾說：「就因爲要和上海的報界發生聯繫，夏社便專門訂了一份時事新報。這報，後來也差不多專門由我一個人閱讀了。留學界中人向來是看不起中國報的，因爲編輯既腐敗，消息又落後，毫無一看的價值。但當時的時事新報，因爲受了五四的影響，已經有《學燈》

〔註29〕郭沫若：〈我的作詩的經過〉，《郭沫若全集》文學編第 16 卷，知識產權出版社，2004 年，第 178 頁。

〔註30〕沙文濤：〈張東蓀、《時事新報》與五四新文化運動〉，《中華文化論壇》2014年第 4 期。

〔註31〕白木：〈郭沫若初登詩壇的「伯樂」是誰？〉，《揚州師院學報》1989 年第 1 期。

副刊了，主編是郭紹虞。是這副刊吸引著我的注意，而且給予了我很大的鼓舞。副刊裡面時時登載一些白話詩，……我便把我以前做過的一些口語形態的詩，掃數抄寄去投稿，公然也就陸續地登載了出來，真使我感到很大的愉快。這便是我凫進文學潮流裡面來的真正的開始。」〔註32〕五四時期，《學燈》作為著名的四大副刊之一，是當時影響力很大、極具活力的刊物，更為郭沫若等留日學生創造了一個發表園地，溝通內外的橋梁，抒發政治抱負的場地，而郭沫若的回憶證實了《時事新報》的存在、「夏社」的組建、《學燈》的創刊等看似孤立的個案，恰恰在其個人成長過程中起到了重要的作用。種種跡象表明，在晚清以來留日教育交流的大背景下，借助現代報刊媒體，身在海外的郭沫若與國內的新文化運動宿命般地走到了一起。

（作者單位：華北科技學院）

〔註32〕郭沫若：〈凫進文藝的新潮〉，原載《文哨》1945年第1卷第2期，轉引自《新文學史料　一九七九年五月　第三輯》，人民文學出版社，1979年，第34頁。

東文學堂與清末民初文學

王學東

〔摘要〕晚清東文學堂作爲中國留學生留學日本的一個前站，雖以教授日語爲重要工作，但卻與中國歷史進程有密切的關聯，對我們理解晚清與民國的文學的發生有著獨特的意義。通過對駐日公使館東文學堂、京師同文館東文館、蓮池書院東文學堂、上海東文學社、成都東文學堂等的梳理，我們看到，一批學者和作家，正是通過東文學堂這個通道，走向世界文化，更新了他們的文學思想。由此，東文學堂爲清末民初文學的變革、推進提供了一個重要平臺。

〔關鍵詞〕留日學生、東文學堂、清末民初文學

　　在晚清至民國中日文化交流的研究中，一個非常重要的關注點是對留日學生研究。但中日文化交流中一個極為重要的「東文學堂」現象，還有很多的問題沒有得以深入的展開。東文學堂的出現，是三千年未有之奇局的晚清歷史進程中一個較小的歷史細節。此時，東文學堂的主要功能，雖然涉及到對日本社會政治、科學技術等內容學習，但其核心是一種語言學習機構，就是教授日語為宗旨。這在一定程度上就限制了東文學堂對廣闊社會歷史內涵的關注。同時，東文學堂也是作為留學日本的一個前站，與之後的龐大的，而且有著豐富「日本體驗」留日學生隊伍來說，其價值是不明顯的。正是由於此，對於清末東文學堂的研究，側重於兩個方面，一方面是對東文學堂歷史事實的考察辨析，還原他的歷史面目，另一方面則是研究東文學堂在近代日語教育、日語翻譯之中價值和意義。

　　晚清東文學堂在以教授日語為重要工作，在中日文字教學的基礎上，也必然要牽涉到中日文學比較、中日文化比較、中日歷史比較等等內容。我們這裡所說的晚清東文學堂，主要是就指晚清時期的日語培訓機構，特別是日語學校。雖然有東文學堂、東文館、東文學社等別稱，我們這裡統一稱之為東文學堂。這些東文學堂，並非一時一地的產物，他與中國歷史進程有密切的歷史關聯，使得他本身就有著較長的歷史時間和複雜的地域分佈。因此，東文學堂，也就成為晚清歷史轉變的一個觀察點，對於我們理解晚清與民國的文學的發生有著獨特的意義。本文也就試圖就東文學堂與清末民初的文學之間的關係，做一點探討。

一、駐日公使館東文學堂

　　晚清時期東文學堂的興起和變化，與特殊的「中日關係」以及特有的日本現象有關。可以說，在晚清歷史大變局中，中國與日本的關係是最令中國人糾結的事件。東文學堂首先誕生於中日正常外交的需要。

　　日本明治維新後不久，於 1871 年與中國簽訂了《日清修好條約》與《中日通商章程》，兩國開始正式的平等的外交關係。進而在 1877 年，清政府在東京芝區增上寺設立駐日公使館，由何如璋任首位駐日公使，詩人黃遵憲任參贊。但由於缺乏日語人才，中日之間外交難以正常開展。正如何如璋在奏摺中所說：

> 東文翻譯最難其選，因日本文字顛倒，意義乖舛，即求精熟其

語言者亦自無多，臣等只能暫覓通事二名。〔註1〕

由此在需要日語翻譯的中日外交中，清政府批准在駐日公使館內開設東文學堂。清政府駐日公使館東文學堂從 1882 年正式開館。而對於「東文學堂」的命名在當時並不是統一固定名稱，王寶平說：

> 關於東文學堂的名稱，筆者查閱的檔案有以下不同的稱呼，似未形成固有名詞。(1)「日本學堂」，第二屆駐日公使黎庶昌第一次經費報告書；(2)「東文學堂」，第三屆駐日公使徐承祖第一至第三次、第五屆駐日公使李經方第一、第二次、第六屆駐日公使汪鳳藻第一次經費報告書；(3)「學堂」，第四屆駐日公使黎庶昌第一至第三次經費報告書；(4)「東文學校」，第七任駐日公使裕庚第一、第二次經費報告書。拙文以「東文學堂」稱之。〔註2〕

當東文學堂這一名稱，在此後的歷史中，逐漸固定下來了。作為最早的東文學堂，由於是中日外交的需要而產生，而且是在駐日公使館內單獨教學，招收的學生人數也少，並沒有形成一定的教學規模。特別是在 1894 年鴉片戰爭爆發後，更由於中日關係的緊張，駐日公使館內的東文學堂也隨之停辦。之後，相應日語人才的培養，就由京師大學堂的東文館承擔。

從總體上上，駐日公使館東文學堂，對清末民初的文學的影響是影響甚微的。如第七任駐日公使裕庚所講：

> 從前駐紮日本使署內設立東文學堂，本系專爲學習翻譯而設，既專爲學習翻譯而設，不過學至翻譯而止。〔註3〕

這裡並沒未培養出重要的作家作品，也沒有形成一定的文學思潮、流派。但在駐日使館的東文學堂內，除了日常的日語教學之外，漢語學習是一項重要內容，這在一定程度上呈現了東文學堂的文學維度。據李鳳年回憶，東文學堂的教材就有《十三經注疏》、《莊子》、《唐宋八大家》、《王陽明文集》、《望溪先生文集》等，而且在對學生的漢語學習方面做了嚴格的學習

〔註1〕 何如璋：〈使日何如璋奏分設駐日本各埠理事摺〉，《清季外交史料》第 14 卷，臺北文海出版社，1963 年版，第 32～33 頁。

〔註2〕 王寶平：〈近代中國日語翻譯之濫觴——東文學堂考〉，《日語學習研究》2014 年第 2 期。

〔註3〕 裕庚：〈出使日本大臣裕庚奏擬變通東文學生請獎章程摺　光緒二十四年七月初三日〉，《清光緒朝中日交涉史料》，中國檔案彙編，故宮博物院文獻館編印，1932 年版，第 8 頁。

規定。

> 教授星期援例休假，而學生不得利益均霑，仍須受題領卷，作
> 制藝一篇，論文一篇，五言八韻試帖詩一首。同學諸子多苦之，痛
> 心疾首之餘，迭請上峰豁免，殊於日語一門尤甚。〔註4〕

同時對一些清末詩人來說，駐日公使館的東文學堂，也是他們生命中重要一個環節，一同構建起了他們獨特的生命體驗。「詩界革命」代表黃遵憲從1877年到1882年做了4年駐日公使參贊，據日本實藤惠秀編《大河內文書》（平凡社《東洋文庫》本，東京，1973年再版）第64頁「梅史」（沈文贊）和大河內輝聲的談話中，談到當時駐日使館工作分工：「公文由黃君（遵憲）起草。」，黃遵憲在駐日公使館中，他的主要工作是起草文書。〔註5〕雖然還暫未發現黃遵憲與東文館有直接的關係，但黃遵憲對公使館內東文館的成立、運行，應該是非常清楚的。當然黃遵憲更多的活動是，瞭解日本風俗，進行實地考察，「採書至二百餘種」，出版了用詩歌來介紹日本歷史的二卷《日本雜事詩》以及四十卷《日本國志》。這兩本書都全面而系統地介紹了日本的歷史、現狀，成為中國瞭解日本重要著作。這些都一同組建起了黃遵憲生命中的「日本經驗」。同光體詩人代表鄭孝胥，1891年由李經方推薦成為駐日公使館隨員東渡日本，就曾擔任過東文學堂的監考，也在東文學堂中留下了大量的足跡。

二、京師同文館東文館

在整個東文學堂的歷程中，京師同文館的東文館與清末民初的關係並不密切。但作為東文學堂發展中的官方重要力量，以及由此顯示出來的對日語的關注，極大地刺激了地方東文學堂的興盛。

甲午海戰一役，幾乎使得所有的中國人都把目光投向了日本。從政府到民間，從知識精英到莘莘學子，向日本學習、留學日本，幾乎成為了他們拯救中國唯一途徑。楊深秀說：

> 泰西各學，自政治、律例、理財、交涉、武備、農工、商務、
> 礦務莫不有學。日本變新之始，遣聰明學生出洋學習，於泰西諸學，

〔註4〕 李鳳年：〈日本留學追憶錄〉，《中國留日同學季刊》第3號1943年版，第136頁。

〔註5〕 轉引自李慶：〈論黃遵憲的日本觀——以《日本雜事詩》為中心〉，《復旦學報》1994年第4期。

燦然美備。中華欲遊學易成，必自日本始。〔註6〕

被實藤惠秀《中國人留學日本史》稱之為「留學日本宣言書」的《勸學篇》就說過：

> 至遊學之國，西洋不如東洋，一、路近省費，可多遣；一、去華近，易考察；一、東文近於中文，易通曉；一、西學甚繁，凡西學不且要者，東人已刪節而酌改之。中東情勢，風俗相近，易仿行，事半功倍，無過於此。若自欲求精求備，再赴西洋，有何不可。〔註7〕

正是在這樣的背景之下，留日成為中國向西方學習的一個最重要的路徑：

> 在 20 世紀的最初十年中，中國學生前往日本留學的活動很可能是到此時為止的世界史上最大規模的學生出洋運動。它產生了民國時期中國的第一代領袖。在規模、深度和影響方面，中國學生留日遠遠超過了中國學生留學其它國家。〔註8〕

但要向日本學習，要去日本留學，學好日語便成為了一個重要的問題。所以，這是對日語學習也就被清政府提上了日程。早在 1862 年創辦的京師同文館，從早期設有英文館、俄文館、法文館，到甲午海戰後的 1897 年才增設東文館，就體現出這一機構出現的時代背景和獨特的社會心態。不久，上海廣方言館（上海同文館）、廣州同文館，作為清末官辦而三足鼎立外語學堂，也在甲午海戰後添設了東文館。

> 甲午中日之戰，日本已強，又添了日本文，彼時名曰東文館。其所以名為東文館者，有兩種原因，說來也很可笑，一因甲午之戰，官員們為堂堂中國同一小日本打仗，說起來丟人，意思是它不配與中國為敵，進免中日合稱，而云中東之戰，所以名曰東文，二因其它四國文字都是西文，所以此名曰東文。其實都是鄙陋之見。

〔註9〕

〔註6〕參見〈總理各國事務衙門：奏遵議遊選生徒遊學日本事宜片〉，見舒新城：《中國近代教育史資料》上冊，人民教育出版社，1981 年版，第 170 頁。

〔註7〕參見舒新城：《中國近代教育史資料》，人民教育出版社，1981 年版，第 965 頁。

〔註8〕費正清編：《劍橋中國晚清史（1800～1911）》下卷，中國社會科學出版社，1985 年版，第 393 頁。

〔註9〕齊如山：《齊如山回憶錄》，中國戲劇出版社，1989 年版，第 26 頁。

正如齊如山所說，命名「東文館」而不名「日文館」之義，包含了清政府對日本複雜的心態。也正在這時，成立不久的東文館，與整個京師同文館一道由於自身「語言教學屬性」，已經不能適應清政府更多的引進西方知識、人才培養，特別是現代科技、新式教育的要求。對京師同文館的改革、變革已成為歷史的必然。1898 年清政府在戊戌維新中設立的京師大學堂，便成為了京師同文館的最後歸宿。於是在 1900 年的庚子之變後，存在僅 3 年的東文館便結束了他的歷史使命。

曾是駐日公使館東文學堂的學員唐家楨，就被任命為首任東文教習，但他更多的在日語方面顯示出重要的成就。日語翻譯家陶大均，不僅是駐日使館的東文學堂的首屆學生，也在東文館成立後擔任教習的。但不僅有一定數量的翻譯著作，而且有作品傳世。

> 陶大均著有《中日戰紀》二卷、《戊戌政變紀要》一卷、《庚子劫餘錄》三卷、《平龕文存》四卷、《劫餘委遊草》一卷、《平龕公牘》五卷、《平龕日記》十三卷，現僅《平龕遺稿》存世。該書由上海閘北水電廠廠長、陶之親戚蔣宗濤資助，民國九年（1920）出版，時距陶身後十年。陶大均的上述原稿在他死後大半散佚，幸虧錢基博精心收集，才使他的著述不致全部湮滅。錢基博是陶大均在江西任職期間賞識的門生。《平龕遺稿》內有錢基博撰寫的《誥授資政大夫江西提法使陶公行狀》（宣統二年七月）、《江西提法使陶杏南先生哀辭》（宣統二年七月十九日），以及《序》（民國九年七月），字裡行間飽含著對陶的深情厚誼。〔註10〕

因此，在京師同文館的東文館中，日語教學與日語翻譯是其最重要的使命，文學活動僅是其中較小的一部分。

三、蓮池書院東文學堂

雖然在京師同文館中，東文館晚於英文館、法文館、俄文館、德文館，且只有短短三年的辦學歷史。但隨之而來的一批拔地而起的東文學社、東文學堂，就大有鶴立雞群的態勢了。而且相對於傾心於政治、外交的同文館來說，地方上的東文學社、東文學堂就有著更寬泛的社會影響了，也與清末民

〔註10〕王寶平：〈陶大均：近代中國的第一代翻譯〉，《中日文化交流史研究》，上海辭書出版社，2008 年版，第 109 頁。

初文學的關係更加的緊密。

　　1894 年作爲中日關係的轉折，「以日本爲師」，瞭解日本、學習日本，已經不再僅僅是清政府的單獨行動，整個社會掀起了向日本學習的熱潮。在 1896 年之後，各地出現了一大批東文學堂、東文學社。

　　　　日本的「新漢語」大量入華，始於甲午之役之後，雖大大晚於西籍翻譯，卻有後來居上之勢。清末研習日語的機構迅速湧現，1896年，原來只習英、法、德、俄語文的京師同文館於創建 24 年後增設東文館。此後，上海的東文學社、福州的東文學堂、杭州的日文學堂、泉州的彰化學堂、天津的東方學堂、北京的東方學社接踵設立，從日本聘來的日語教習也如過江之鯽，日文成爲清末學子普遍研習的外語。〔註11〕

　　其中有較大影響的有：北京吳汝綸等人的東文學堂；上海有汪康年、羅振玉、王國維等人的東文學社；盛宣懷創辦羅振玉、王國維參與的南洋公學東文學堂；陳寶琛等人創辦的福州東文學堂；四川丁鴻臣、周善培等人籌建的四川東文學堂以及成都東文學堂⋯⋯。

　　清末桐城派一代宗師、京師大學堂總教習吳汝綸，不僅與東文學堂有著非常密切的關係，而且還參與了東文學堂、東文學社的創辦。1889 年他在主持直隸最高學府蓮池書院時，就開始了對傳統書院的改革。在他的不懈努力之下，專門建立西文學堂和東文學堂。在創辦東文學堂之時，他還專門制定了《東文學堂章程》。〔註12〕其中有課程的規定：

　　　　學生中、東兼習，學堂則只課東學。以下半日爲東學課程，限其上半日應由各生在家講習中學。

　　　　學成東文、東語，已可膺專對之選，可讀東人已譯之西書，然尚非大用之器，自應精通外國專門之學，乃爲至美。但此時方立初基，不能蠟等，應失從語言文字入門，其粗淺格致理法，日本所謂普通之學，應由教習視學徒日力能否寬裕，酌量講授。

　　但他剛剛開始的功業，由於保守派的阻止，以及八國聯軍入駐保定對蓮池書院的破壞，被迫中止。之後吳汝綸仍然矢志不渝，聘請中島裁之在北京

〔註11〕馮天瑜：〈日本明治時期「新漢語」的創制與入華〉，《中國科技術語》2007年第 1 期。

〔註12〕吳汝綸：《吳汝綸全集（三）》，黃山書社，2002 年版，第 274～277 頁。

繼續創辦東文學社，顯示出他對東文學堂的獨特情感。在推行西化教育的過程中，他知人善任：

> 中島教肆東文苦心孤詣，實向來所未見，本擬學生六閱月可以譯書，今始三閱月，而諸生能譯東文者已十餘人。其收傚之速，亦從來未見。其每日講授，多歐美歷史、政治、憲法諸學，我國間裡諸生皆有生未見，即翰林部曹中能文好學、留心西法之士，亦且聞所未聞。〔註13〕

在吳汝綸的努力和中島的精心教育之下，東文學社，培養了一批優秀的人才：

> 這所東文學社仍聘請中島裁之等爲教習，學生多達三百餘人，教學收效神速，有十多人學習三個月後就「能譯東文」；同年五月，就有十六人（包括吳汝綸之子吳闓生）赴日本留學。〔註14〕

更重要的，吳汝綸創辦西文學堂、東文學堂，就不僅是教育上的改革和推進，也是他改革和改造桐城派文學的一種途徑。在五四的「桐城謬種論」之前，清末的桐城派就已經失去了昔日的輝光。此時的桐城派雖然經過曾國藩的力挺，但方苞的「義以爲經」、姚鼐的義理、考據、文章三合一說，以及曾國藩的自己義理、考據、辭章、經濟四合一說，也均淪落爲封建倫理綱常的代言人，改造桐城派也就成爲了桐城派發展的必然之路。吳汝綸的創作理想是，「博涉兼能，文章學問，奄有東西數萬里之長，子雲筆箚之功，充國四夷說，美具難亞，鍾於一手。」中西融合的文學，才是吳汝綸心中的文章，這就與傳統桐城派文章有了很大的區別。而且更爲重要的，他更強調西學，甚至有著全盤西化的思想，「竊謂救時要策，自以講習西文爲務」、「後日西學盛行，《六經》不必盡讀。」「此後必應改習西學，中學浩如煙海之書行當爲去。」〔註15〕正是由於吳汝綸這樣的文學思想，他改變了桐城派文學的航道，將桐城派文學引向了西化的路途，爲桐城派的發展注入了一股強勁的力量。而吳汝綸的文學理想，與他長期對西文、東文的長期浸染，以及對西文學堂、東文學堂的投入，有著密切的關聯。

〔註13〕 吳汝綸：〈與劉鐵雲書〉，《吳汝綸全集（三）》，黃山書社，2002年版，第363頁。

〔註14〕 施培毅：〈我國近代教育先驅吳汝綸〉，《江淮論壇》1995年第1期。

〔註15〕 吳汝綸：〈桐城吳先生尺牘〉，轉引自曾光光：《變法維新思潮中的吳汝綸和桐城派》，《江淮論壇》2001年第3期。

四、上海東文學社

王國維與東文學社有著最爲密切的關係，東文學社是王國維一生的一個重要轉折點。而且也正是通過東文學社這個平臺，王國維爲清末明初的文學發展拓展了一個全新的空間。他正是在東文學社打下了紮實的語言基礎的，而且通過東文學社這個橋梁，接觸到西方的哲學思想，從而更新了中國的文學理論。

1898 年汪康年、羅振玉等人在上海創辦東文學社，宗旨如其《東文學社社章》所說「培養通曉日文、日語人才及翻譯日文書報人員。」由於缺乏相關的管理經驗，便由全權交由日本人藤田豐八管理，「東文學社事，或由公徑與藤公安商，總以學社獨立，不爲農會附庸，一切由藤公主持爲妥，緣藤公一片熱心，不宜加以限制他。」藤田豐八畢業於東京帝國大學文科大學漢文學科，曾在羅振玉創辦的上海農學會當日文翻譯，之後擔任京師大學堂農科大學總教習，以及早稻田、東京大學教授。對中國文化有深入的研究，著有《支那文學史》、《先秦文學史》、《東西交涉史研究》等著作。藤田還請來了他的大學同學田岡左代治。1898 年王國維來到東文學社學習日文，經過半年多的學習，就「日約可譯千餘字，較作文頗不費心也」。之後在羅振玉的幫助之下，王國維留在了東文學社。在東文學社時，王國維不僅參與《農學報》的編輯，而且還升任東文學社的學監。正是在東文學社工作和學習的這一時期，王國維跟隨田岡左代治研究哲學和學習英文。〔註16〕

東文學社首先讓王國維有了特別的日語能力，開始了他對西方文化的翻譯。因此有學者說：

>王國維在東文學社學會了速讀日文的方法，就與同學樊炳清把日本的史地、理化、教育等教科書譯成中文，後又與羅振玉合作譯書。王的哲學和社會科學造詣，可以說是以此發端的。這時學的日文、英文，爲他早期介紹西歐的哲學、邏輯學以及美學、文學奠定了基礎。〔註17〕

王國維在東文學社結識了藤田豐八和田岡，並跟隨他們英語和哲學。東

〔註16〕參見鄒振環：〈上海東文學社與南洋公學的東文學堂〉，《多元視野中的中外關係史研究——中國中外關係史學會第六屆會員代表大會論文集》，2005 年。
〔註17〕嚴安生：〈梁啓超、王國維、嚴復與日語〉，《外語教學與研究》1986 年第 2期。

文學社使得王國維進入到西方哲學的殿堂，接觸到康德、叔本華、尼采的哲學。正如他在〈三十〈自序一〉〉中說到：

> 是時社中教師為日本文學士藤田豐八、田岡佐代治二君。二君故治哲學，余一日見田岡君文集中有引汗德（康德）、叔本華之哲學者，心甚喜之。顧文字睽隔，自以為終身無讀二氏之書之日矣！〔註18〕

而此時他特有的語言能力，對於王國維來說，更重要是一種特別的閱讀手段：

> 當時之讀此等書，固與前日之讀英文讀本之道無異。幸而已得讀日文，則與日文之此類書參照而觀之，遂得通其大略。〔註19〕

這使得他能以多種角度進入到西方文化之中，融會貫通。由此通過東文學社這個橋梁，王國維在他的翻譯中開始使用「美學」、「悲劇」等概念。而此後，特別是他的《紅樓夢評論》，就正式將他的「美學」、「悲劇」理論融入到他的文學評論之中了，將西方的悲劇精神引入到中國文學理論中的，掀開了民國文學新的一頁。

五、成都東文學堂

深處四川的腹地郭沫若，雖然沒有與東文學堂產生直接的聯繫，但他大哥郭開文的東文學堂經歷，為郭沫若帶來了新的文化和文學視野，初步形成了郭沫若新的世界經驗。

關於四川的東文學堂，劉建雲做了一個比較詳細的介紹：

> 東文學堂也就是現在的日語學校。四川最早的東文學堂當為周善培受四川提督丁鴻臣委託，於1900年4月設立於成都的「協立四川東文學堂」，當時的教習是由張之洞的日本顧問福島安正少將推薦、并在中國近代教育史上留有芳名的中島裁之。可惜這所學堂開課不滿5個月，便因義和團運動的興起和壯大而停辦了。成都東文學堂創立於1903年12月，是在原有的官立中西學堂的基礎上設立的，學生畢業後全都享有省費留學日本的待遇，因而具有現在的留

〔註18〕 王國維：〈靜安文集續編〉，《王國維遺書》第5冊，上海古籍書店，1983年版，第19～20頁。

〔註19〕 王國維：〈靜安文集續編〉，《王國維遺書》第5冊，上海古籍書店，1983年版，第20～21頁。

日預備校的性質。郭開文是這所學堂的第一批學生，他在這裡學習了 1 年日語後，便於 1905 年正月與同期的數十名學生一起被派遣到日本留學。這一年四川省的留日學生總數達了到近 400 名，幾乎每縣都有留日學生。〔註20〕

可見，在四川境內，東文學堂的影響面已經非常廣了，成為一個不可忽視的重要現象。

郭開文是影響郭沫若最深的人之一。

一直到癸卯年實行廢科舉而建學校的時候，這個變革才一直到達了它應該到達的地方。在那年的秋闈過後，不久就有高等學堂、東文學堂、武備學堂在省城了產生了出來。我的大哥進了東文，五哥進了武備。新學的書籍就由大哥的採集，像洪水一樣，由成都流到我們家塾裡來。

其中，郭沫若就曾說，對自己有著莫大的影響。

甚麼《啟蒙畫報》、《經國美談》、《新小說》、《浙江潮》等書報差不多是源源不絕地寄來，這是我們課外的書籍。這些書籍裡面，《啟蒙畫報》一種對我尤有莫大的影響。

而在這些從東文學堂中流到郭沫若家中的書籍，甚至成為他家塾的課本。

除開這些書報外，還有上海出版的蒙學教科書，格致、地理、地質、東西洋史、修身、國文等等，差不多現在中學堂所有的科目都有。我們家塾裡使用這些來做課本。〔註21〕

通過大哥郭開文的東文學堂所流入的大量書籍，郭沫若打開了自己的文化視野，有了看待世界的一個更為宏闊的平臺。

郭沫若也還從東文學堂教師身上，感受到由「日本人」帶來的新的感受：

在甲辰年的暑假，大哥跟著兩位東洋教習去遊峨嵋山回來，他邀著那兩位東洋人繞道到了我們家裡。東洋人的名字一個叫服部操，我叫他是「佛菩薩」，一個叫河田喜八郎，我叫他是「河田稀耙

〔註20〕見劉建云：〈關於郭開文日本留學的初步考證——清末留日大潮中的一個個例〉，《郭沫若學刊》2010 年第 4 期。詳見劉建云：《中國人的日本語學習史——清末的東文學堂》（日本學術出版會，2005 年。）
〔註21〕郭沫若：《少年時代》，《郭沫若全集（文學卷）》第 11 卷，人民文學出版社，1992 年版，第 42～45 頁。

爛」。他們在我們家塾裡住了三天，那時候沈先生告假回去了，我為好奇心所驅遣，時常愛跑去找著那兩位東洋人說話；我也學了一些「瓦塔苦西」、「阿那打」、「阿里加朵」、「撒約那羅」。……不過東洋人的一來，也為我們鄉下開通了不少風氣，最顯著的是我們父親從那時候起便開始吃生雞蛋了。〔註22〕

這些來自東文學堂的氣息，不僅被郭沫若記錄到了他的《少年時代》中，也印在他此後的經歷和文學創作中。

當然，清末迭起的「以日本為師」時代之潮中，東文學堂湧起正是這種大潮的體現。因此，比起我們這裡的梳理，東文學堂與清末民初文學之間的關係也就更為複雜，或許更有價值。

但通過以上論述，我們還是看到了東文學堂與清末民初文之間的內在關聯。在清末明初之時，作為一個重要的東文學堂現象，當其還作為駐日公使館一部分，以及京師大學堂的一個翻譯培訓機構時，雖然有一批傳統文人積聚在此開展宏大的外交、政治任務，但並沒有實質性的文學影響。而當甲午海戰後所興起的一大批東文學堂，不僅成為了一個普遍的社會現象，而且已經較多介入到文學之中。我們看到，一批學者和作家，正是通過東文學堂這個通道，走向世界文化，更新了他們的文學思想。由此，東文學堂為清末民初文學的變革、推進提供了一個重要平臺。因此，通過對東文學堂的研究，也有助於我們重新思考清末文學的變革，以及民國文學興起的內在因子。

（作者單位：西華大學人文學院）

〔註22〕郭沫若：《少年時代》，《郭沫若全集（文學卷）》第 11 卷，人民文學出版社，1992 年版，第 47～49 頁。

郭沫若的留日影響

騷動的「松」與「梅」
——留日郭沫若的自然視野

李 怡

〔摘要〕留日時期郭沫若對日本「松」與「梅」的抒情都脫離了中國古典傳統的模式，呈現出某種個人意志勃發的特徵。這樣的藝術選擇既是自我成長的結果，同時更與大正時期欲望蘇醒、本能激活的背景有關，借助這些全新的日本體驗，詩人郭沫若實現了自我精神世界的突圍，完成了傳統藝術的越界，促成了中國新詩藝術的現代嬗變。

〔關鍵詞〕郭沫若、松、梅、騷動

以物喻志，借景抒情是中國詩歌的傳統。一些植物早已經成爲世代相承的「詩歌植物」，如梅蘭竹菊號稱「四君子」，松、竹、梅又有「歲寒三友」之謂，千百年來不斷成爲詩詞歌賦吟詠書寫的題目。僅僅據《全唐詩庫》檢索系統統計，在收錄的全部 42863 首詩歌中，詠松的就占 3487 首，詠梅的則有 948 首。而南京師範大學《全宋詞》檢索系統顯示，詠梅詞最多，有 2946 句，松 995 句。〔註1〕

留日以後的郭沫若爲我們展現了大量的「海洋」景象，對中國詩歌的景觀擴容獨具貢獻。〔註2〕與此同時，傳統中國詩歌的自然題材也依然不時出現在詩人的筆下，例如「松」與「梅」，但是，值得注意的是，就像日本的海洋景象帶給了郭沫若全新的視野一樣，日本的「松」與「梅」也令詩人生出了異樣的體驗。

郭沫若漫步於博多灣畔的千代松原，夜色中這些陰翳、深邃的物象卻並不以自身的清冷傳達著傳統士人的隱逸之情，所謂「幽人愛松竹」（元結〈石宮四詠〉其三）的古典意趣，「青松如高人，含風自蕭颺」（周權〈夏日偕友晚步飲聽泉軒〉）式的超然全無蹤跡。如果說，青春氣盛的郭沫若理當遠離這些「出世」的佛道趣味，那麼，以松柏凌冬不凋、孤直不倚的人格自我期許這一脈更爲深厚的思維傳統呢？或如韓琦「霜凌勁節難摧抑，石壓危根任屈盤」（〈和潤倅王太傅林畔松〉）、柳宗元「積雪表明秀，寒花助蔥籠」（〈酬賈鵬山人郡內新栽松寓興見贈〉）、范云「凌風知勁節，負雪見貞心」（范雲〈詠寒松〉）般的精神求索，或如李白「何當凌雲霄，直上數千尺」（〈南軒松〉）、李商隱「高松出眾木，伴我向天涯」（〈高松〉）、皎然「眞樹孤標在，高人立操同」（〈詠敳上人座右畫松〉）的孤高自賞。

但是，郭沫若既無前人的隱逸之趣，也無意重蹈後者的「比德」傳統，他專注的是一種前所未有的心理狀態：

> 十里松原中無數的古松，
>
> 都高擎著他們的手兒沉默著在讚美天宇。
>
> 他們一枝枝的手兒在空中戰慄，
>
> 我的一枝枝的神經纖維在身中戰慄。

〔註1〕 參見王穎：《中國古代文學松柏題材與意象研究》，南京師範大學博士論文，2012 年。

〔註2〕 王富仁：〈他開闢了一個新的審美境界〉，《郭沫若研究》1988 年第 7 輯。

　　這裡引人注目的有兩點：一是詩人對自然的認知已經大大超出了自然物象本身的「原生態」樣式，其中分明滲透了詩人自己的思想和想像，或者說已經用人的想像改變了自然本身的樣貌。於是，古松被想像爲「沉默」，能「讚美」，還擁有向天宇高舉的「手兒」，這些細節的具象化區別於古典詩歌籠統的人格比德，詩人追求的不是中國詩歌傳統的「物態化」審美，而是偏向於近似歐美詩歌的「意志化」特點；二是對「起興」傳統的改變。由自然物象引發詩人的感想這是中國古典詩歌的重要寫作方式，但是我們卻不能認爲一切緊隨自然景象而起的情緒情感都屬於中國式的「興」，《春秋繁露‧陰陽尊卑》云：「夫喜樂哀怒之發，與清暖寒暑，其實一貫也。」中國古典詩思的運行是符合這一宇宙──生命觀念的，篤信「一貫」、追求物我和諧的詩思盡可能地順應自然物象的「機理」來生成人的感情，所謂物我渾然、思與景諧。所謂「感物吟志，莫非自然。」〔註3〕用現代學人的話來說就是「直尋、直觀的方式最大限度地保持物象原樣興現」。〔註4〕心境的寧靜、情緒的凝斂恰恰是「起興」的必要狀態。《文鏡秘府論》描繪這種創作狀態是：「夫置意作詩，即須凝心，目擊其物，便以心擊之，深穿其境。」此時此刻，當郭沫若在「安眠」的海邊，在「清寥」的夜空下，面對「沉默」的古松，激蕩著的情緒卻是「戰慄」──從想像松枝的戰慄到激動於自我精神的戰慄──詩人已經超越了古典傳統的「詩興」，轉入到對內在精神世界蓬勃生長的格外凸顯。這種由寧靜出發卻通達自我亢奮的詩歌之路，更容易讓我們想起西方象徵主義、現代主義的「物我」關係，波德萊爾就說，詩的「本質表現在熱情之中」，〔註5〕美國20世紀詩人里查‧艾伯哈特（Richard Eberhart）也說過：「寫詩的過程，其終極是神秘的，牽涉到全身的衝力，某種神賜的力量。」〔註6〕物與人的關係至此已經發生了重大的改變，「一般從詩人的內在自我出發，給內心的抽象情思賦予某種感性形象，或者爲表現那內在情思而不得不改變外物形象。」〔註7〕

〔註3〕 劉勰：〈文心雕龍‧明詩〉，見范文瀾：《文心雕龍注》上冊，北京：人民文學出版社，1958年版，第69頁。
〔註4〕 葉維廉：《中國詩學》，北京：三聯書店，1992年版，第93頁。
〔註5〕 （法）波德萊爾：〈再論埃德加‧愛倫‧坡〉，《波德萊爾美學論文選》，北京：人民文學出版社，1987年版，第206頁。
〔註6〕 〔美〕里查‧艾伯哈特：〈我怎樣寫詩〉，見《詩人談詩》，上海：上海三聯書店，1989年版，第35頁。
〔註7〕 葉嘉瑩：《中國詞學的現代觀》，長沙：嶽麓書社，1990年版，第37頁。

　　總之，雖然依舊是「詠松」的題材，但是在郭沫若這裡，傳統的詠物詩範式正在發生著一種重要的改變，物態化的即景抒情開始向意志化的以情寓物轉移，尋求物我互證的比興方式正在爲主客體激蕩振奮所取代。

　　同樣，目睹太宰府的梅花，郭沫若也無意描繪暗香飄溢的隱逸淡泊，那種「雪滿山中高士臥，月明林下美人來」（高啓〈詠梅九首〉）的孤清與超拔，也沒有「牆角數枝梅，凌寒獨自開」（王安石〈梅花〉）的人格投契、道德比喻，詩歌甚至一開始就高聲禮贊，激情謳歌，完全改變了傳統詠物詩的格調和方式：

> 梅花！梅花！
> 我讚美你！我讚美你！
> 你從你自我當中
> 吐露出清淡的天香，
> 開放出窈窕的好花。
> 花呀！愛呀！
> 宇宙的精髓呀！
> 生命的泉水呀！

　　而且越是讚美，詩人的情緒也愈加的高亢，直至由禮贊梅花轉入禮贊自我：

> 梅花呀！梅花呀！
> 我讚美你！
> 我讚美我自己！我讚美這自我表現的全宇宙的本體！

　　最後，竟然又對一切的偶然崇拜大加質疑，以致聲嘶力竭：

> 一切的偶像都在我面前毀破！
> 破！破！破！
> 我要把我的聲帶唱破！

　　從讚美梅花到讚美自我再到搗毀偶像，郭沫若的思維經過了相當曲折的轉折，遠非「以物起興」、「感物吟志」的古典傳統所能夠涵蓋，在這裡，我們讀到的是一個個體生命如何在自然中不斷汲取信念、不斷充實自我，最終自我確立、生命勃發的豐富過程。

　　古典意義的「松」與「梅」，在留學體驗的郭沫若那裡，煥發出了迥然不同的意味，生成了新鮮奇異的詩歌形態。

那麼，究竟應當如何來解釋這樣的一種藝術蛻變呢？

我們容易想到的解釋可能來自日本著名思想家柄谷行人。他的名著《日本現代文學的起源》開篇就論及現代作家如何重新發現「風景」。在他看來：「風景是和孤獨的內心狀態緊密聯接在一起的。這個人物對無所謂的他人感到了『無我無他』的一體感，但也可以說他對眼前的他者表示的是冷淡。換言之，只有在對周圍外部的東西沒有關心的『內在的人』（inner man）那裡，風景才能得以發現的。風景乃是被無視『外部』的人發現的。」〔註8〕也就是說，對於現代知識分子而言，恰恰是自我主體的確立才賦予了他們一雙「發現」風景的眼睛，不是固有的自然存在「感發」了人，而是人的嶄新的精神與思維從自然中「攝取」了「風景」，或者說讓原生態的自然轉化成了人所需要的「風景」。正是在日本，像郭沫若這樣的留學生開始了自我塑形，又因為自我意識的強化而發現了異樣的自然風景，因此松與梅都不再是古代文學的藝術形態了，它們都屬於郭沫若自己發現的「新風景」。藤田梨那女士曾經論述過留日時期的郭沫若如何在詩歌中發現這些風景的過程，可謂是相關討論的第一篇重要之論。〔註9〕

為了強調自我意識所帶來的「能動性」在「發現風景」中重要作用，柄谷行人特意借用康德的說法，區分了日常習見的「名勝」的「美」和「原始森林、沙漠、冰河」等可以被稱作是「崇高」的風景，後者就是需要付出勇氣和能動性才能「發現」的，屬於自我成長之後的現代人的成果。「美是通過想像力在對象中發現合目的性而獲得的一種快感，崇高則相反，是在怎麼看都不愉快且超出了想像力之界限中，通過主觀能動性來發現其合目的性所獲得的一種快感。」〔註10〕這一思路似乎恰到好處地解釋了郭沫若詩歌對於一系列海洋風景的發現──無論是「情熱一樣燃著的海山」，是「太平洋男性的音調」，還是一望無際的滾滾的洪濤，這「力的繪畫，力的舞蹈，力的音樂，力的詩歌，力的律呂」都顯然不同於我們陸地民族日常可見的可以形容為「美」的那些自然物象，就如同康德所謂的「原始森林、沙漠、冰河」，或者

〔註 8〕 柄谷行人：《日本現代文學的起源》，趙京華譯，北京：三聯書店，2003 年版，第 15 頁。

〔註 9〕 藤田梨那：〈郭沫若新詩創作的歷史意義──風景、內心世界的發現與言文一致的摸索〉，《勵耘學刊》2014 年第 1 輯。

〔註10〕 柄谷行人：《日本現代文學的起源·中文版作者序》，趙京華譯，北京：三聯書店，2003 年版，第 1 頁。

柄谷行人所提到的北海道那樣的「現實上的新的風景」，因爲明顯的「差異性」的存在而令人「驚豔」，從而在根本上刷新了「風景」的形態，更新了詩歌藝術的走向。

不過，海洋風景的發現，還只是郭沫若藝術新變的部分走向——對於曾經深居內部腹地的中國詩人而言，海洋固然可以憑藉自己的「異樣性」而令人產生類似「崇高」體驗的新鮮感，但是，平心而論，這樣的新鮮感和驚異感卻不大可能在「松」與「梅」這樣的傳統詩歌意象中獲得，問題恰恰在於，郭沫若不僅爲我們貢獻了空前壯麗的海洋，同時也爲我們貢獻情緒激動的觀松品梅體驗——神經的戰慄，還有自我崇拜、搗毀偶像的亢奮。翻騰的大海與騷動不安的松與梅，共同構成郭沫若留日詩歌創作的異樣風景。

如果說大海的奔騰豪邁來自「有差距」物象的激活與震蕩，那麼對松梅的騷動不安的體驗則可以追溯到詩人內在精神世界本身的變化，外部世界的震驚體驗與內部世界的咆哮體驗共同撐開了一個闊大的詩歌藝術空間。

在我看來，郭沫若內在精神世界的變化與他對日本大正時代的生存體驗密切相關。

這有兩個方面：一方面是大正物質生活狀態對個人欲望的刺激和解放，另一方面則是自由的文化交流與精神創造一時間造成的「迷離」效應。

在經過了明治時代的政治改革與思想啓蒙之後，大正時代的日本步入了資本主義發展的興盛時期，物質欲望的釋放、「成金」（暴發戶）的誘惑、個人主義的膨脹都塗繪著一個時代的新景象。對此，郭沫若感受至深：「那時的日本政府正是在財政上採取積極政策的政友會的原敬內閣，對於產業熱特別加以煽揚，於是乎有好些通常的家屋都改成了各種各樣的小規模的工廠。它們最大的銷路不消說就是我們偉大的貴中華民國。中國便替日本人造出了很多的『成金』（Narikin）——爆發戶來。那些爆發戶一有了錢，痛頭的便是怎樣來把錢消費。依著經濟上的鐵則，他們自然要向著規模較大的再生產的方面去灌注，而同時是向著享樂一方面去揮霍，物價便如像受著魔術的呼遣一樣，暴漲了起來。」〔註11〕暴漲的當然不僅僅是物價，還包括這些留日青年的本能的生活欲望。

〔註11〕郭沫若：《創造十年》，《郭沫若全集》第 12 卷，北京：人民文學出版社，1992年版，第 43 頁。

　　日本著名學者伊藤虎丸曾經比較過影響魯迅一代人的「明治時代」與影響郭沫若一代人的「大正時代」，特別分析過「大正時代」的本能主義之於創造社一代的深刻烙印：創造社所理解的近代，如郁達夫所描寫的『現代人的苦悶』和廚川白村共有的那種『憂鬱症』『病態的青年心理』，自始至終是感傷的自我感情。」「與社會相對立的個人，與秩序相對立的自由，這種長期支配日本『近代主義』的社會觀與人生觀，其最初的表現是高山樗牛等人把尼采的『極端個人主義』理解爲『本能主義』。」「創造社強調『內心要求』，高喊『個性解放』的時候，其中感性的『人』的觀點，分明沒有超出高山樗牛以來的『近代主義的個人觀』的框子。」〔註 12〕的確，紙醉金迷、燈紅酒綠的日本生活場景常常出現在郭沫若、郁達夫一代人的筆下，與苦行僧式的魯迅一代頗多不同。

　　年輕的郭沫若自然也攪擾於「成金」時代的這些生存迷惑當中了。

　　博多灣是郭沫若觀海浴海，攝取「異樣性」的「崇高」的「風景」之地，不過，其意義卻不盡於此，除了海洋，博多灣畔還矗立著「成金風」的標識的抱洋閣。

　　抱洋閣於 1910（明治 43）年落成的。背負松原，面朝大海，「庭園內設有海魚河魚放養池，隧道內水族館沙浴等」、「有歐式潮浴分特等、上等、中等、沙溫室、溫泉清潔設置」。〔註13〕據說博多第一次有水沖的廁所的這種豪華的歐式旅館就是這裡。抱洋閣上，既可以眺望博多灣明媚的波光，獲得「異樣」的海洋風景，又可近距離目睹「成金」時代的各種奢華生活：「抱洋閣前面停著好幾部汽車，有好些，一看便可以知其爲『成金』的人，帶著『藝伎』在那裡進出。有時也挾著些戴四角帽的大學生在裡面。聽說那裡面有海水浴池可以男女共浴，又還有好些娛樂的設備，如像檯球之類。時而從樓上窗口中，於男女笑聲之外，響出撞球的聲音。」〔註14〕

　　以上關於抱洋閣的這番描繪被郭沫若置放在邂逅張資平、創造社「受胎」的歷史性時刻，本身就意味深長。接著，郭沫若繼續寫到，兩位中國窮學生準備一同下海游泳，但很快卻被海面浮動的煤油趕上岸來，於是，狼狽不堪

〔註12〕伊藤虎丸：《魯迅、創造社與日本文學》，北京：北京大學出版社，1995 年版，第 204、205 頁。

〔註13〕《福岡市指南》，轉引自 http://blog.sina.com.cn/s/blog_4eb45b8f0100a5cd.html。

〔註14〕郭沫若：《創造十年》，《郭沫若全集》第 12 卷，北京：人民文學出版社，1992 年版，第 44 頁。

的兩位學生只能「眼望著抱洋閣上臨海的大樓，一些尋樂的男女，坐在樓頭暢飲啤酒。」〔註 15〕短短幾百字的描寫中，郭沫若兩次注目這充滿誘惑的抱洋閣，其中的滋味可想而知！代表「文學革命第二階段」的創造社文學的在「成金」標識的抱洋閣下「受胎」孕育，未來的文學「創造」再也無法擺脫與日本資本主義蓬勃欲望的曖昧的關係了。

多年以後，郭沫若在《創造十年》中所記錄的「創造社受胎」主要就是兩大內容，一是對抱洋閣爲標識的日本「成金」的景象的觀察，二是對國內文壇喪失「文學性」的批評：

——中國真沒有一部可讀的雜誌。

——《新青年》怎樣呢？

——還差強人意，但都是一些啓蒙的普通文章，一篇文字的密圈胖點和字數比較起來也要多。〔註16〕

的確，與《新青年》一代知識分子比較，與魯迅等「明治時代」的留日中國學生比較，郭沫若等創造社同人的興趣更偏向於「文學」。前者更具有思想啓蒙時代的理性，直接關懷國家民族的重大話題，一如伊藤虎丸所論述的明治「政治青年」；而郭沫若等創造社同人則常常注目於自我、個人、感性，近似於大正時代的「文學青年」。郭沫若回憶說，自己早「有傾向於文藝的素質」，留日學醫以後的外國語言學習，卻又再一次喚醒了他壓抑的文學熱情：「這些語用功課的副作用又把我用力克服的文學傾向助長了起來。」〔註 17〕感性的文學不僅增強了「理性之外」的心理的豐富性和複雜性，此時此刻，就是他們關注的「文學」本身也異彩紛呈的：「日本社會近代轉型期的開始在明治維新，但是日本近代文學的真正成熟卻是到了明治末年至郭沫若他們留學的大正時期。這是日本近代文學突飛猛進，甚至讓人眼花繚亂的發展時期。各種各樣的文學思潮流派走馬燈似的你方唱罷我又登場，在很短的時間內將歐洲文壇百多年的歷史演繹了一遍。」〔註18〕

〔註15〕 郭沫若：《創造十年》，《郭沫若全集》第 12 卷，北京：人民文學出版社，1992年版，第 45 頁。

〔註16〕 郭沫若：《創造十年》，《郭沫若全集》文學編第 12 卷，北京：人民文學出版社，1992 年版，第 45、46 頁。

〔註17〕 郭沫若：《創造十年》，《郭沫若全集》文學編第 12 卷，北京：人民文學出版社，1992 年版，第 65、72、66 頁。

〔註18〕 蔡震：《文化越界的行旅》，北京：文化藝術出版社，2005 年版，第 119 頁。

自我欲望的解放帶了內部精神世界的多面化，自然也包含了某些焦慮和矛盾。此時，在郭沫若關於自我困擾的談論中，我們讀到的多是一個青年學子人生飄忽、生存艱難、性情不定的遭遇，懷疑、矛盾與焦慮是其主調。例如這樣的描述：

> 白華兄！我到底是個甚麼樣的「人」，你恐怕還未十分知道呢。你說有 Lyrical 的天才，我自己卻不得而知。可是我自己底人格，確是太壞透了。我覺得比 Goldsmith 還墮落，比還 Heine 懊惱，比 Baudelaire 還頹廢。我讀你那『詩人人格』一句話的時候，我早已清潛地流了眼淚。〔註19〕

> 咳！總之，白華兄！我不是個「人」，我是壞了的人，我是不配你「敬服」的人〔註20〕

> 我常恨我莫有的天才，我不能做出部赤裸裸的《懺悔錄》來，以宣告於世。我的過去若不全盤吐瀉淨盡，我的將來終竟是被一團陰影裹著，莫有開展的希望。我罪惡的負擔，若不早卸個乾淨，我可憐的靈魂終久困頓在淚海裡，莫有超脫的一日。〔註21〕

《創造十年》中，郭沫若描述自己「實在是有些躁狂性的徵候」，還借劇作〈湘累〉中的話「夫子自道」：「『從早起來，我的腦袋便成了一個竈頭；我的眼耳口鼻就好像一些煙筒的出口，都在冒起煙霧，飛起火星，我的耳孔裡還烘烘地只聽見火在叫；竈下掛著一個土瓶——我的心臟——裡面的血水沸騰著好像幹了的一般，只迸得我的土瓶不住地跳跳跳。』在當時我自己的生理狀況就是這樣的。我在目前也多少還是這樣。」〔註22〕

我曾經借用郭沫若自己的概括，將這一時期的獨特精神現象命名爲「歇斯底里」症候，歇斯底里並非簡單的病態和瘋狂，在藝術史的意義上，它同時也意味著一種豐富的精神追求的出現，一種跨越傳統審美邊界的精神爆發的可能。這樣的精神狀態也進一步加劇了藝術選擇的多樣性與混沌性，最終

〔註19〕郭沫若：《三葉集》·〈郭沫若致宗白華〉，《郭沫若全集》文學編第 15 卷，北京：人民文學出版社，1990 年版，第 16、17 頁。

〔註20〕郭沫若：《三葉集》·〈郭沫若致宗白華〉，《郭沫若全集》文學編第 15 卷，北京：人民文學出版社，1990 年版，第 18 頁。

〔註21〕郭沫若：《三葉集》·〈郭沫若致宗白華〉，《郭沫若全集》文學編第 15 卷，北京：人民文學出版社，1990 年版，第 45、46 頁。

〔註22〕郭沫若：《創造十年》，《郭沫若全集》文學編 12 卷，北京：人民文學出版社，1992 年版，第 79 頁。

形成了多重藝術趣味「雜糅」並存的可能。是「真理要探討，夢境也要追尋。理智要擴充，直覺也不忍放棄。」〔註23〕或者是這樣的難以整合：「我的靈魂久困在自由與責任兩者中間，有時歌頌海洋，有時又讚美大地；我的久未在 Idea 和 Reality 尋出個調和的路徑來，我今後的事業，也就認定著這兩種的調和上努力建設去了。」〔註24〕

留日學生郭沫若的自我發現在很大的程度得益於他擁有了新的人生偶像，然而，在「偶像崇拜」與「偶像破壞」之間他也有著迅捷的發展和轉變：

> 我是個偶像崇拜者喲！
> 我崇拜太陽，崇拜山嶽，崇拜海洋；
> 我崇拜水，崇拜火，崇拜火山，崇拜偉大的江河；
> 我崇拜生，崇拜死，崇拜光明，崇拜黑夜；
> 我崇拜蘇彝士、巴拿馬、萬里長城、金字塔，
> 我崇拜創造的精神，崇拜力，崇拜血，崇拜心臟；
> 我崇拜炸彈，崇拜悲哀，崇拜破壞；
> 我崇拜偶像破壞者，崇拜我！
> 我又是個偶像破壞者喲！

其實，與其說這裡迅速完成了從偶像崇拜到偶像破壞的轉折，毋寧說「崇拜」與「破壞」都曾經是郭沫若並呈著的情緒與思想，是他「躁狂性的徵候」時期的真實精神狀態。理解了「崇拜」與「破壞」的並呈關係，我們自然就可以清晰梳理〈梅花樹下醉歌〉從深情讚美到「歇斯底里」般「毀破」的真實邏輯，甚至可以得以進入〈天狗〉的瘋狂狀態：從吞天吐地到自我毀滅，無一不是「躁狂性的徵候」的生動展示。在如此奇異的精神世界中，當然我們就不難感受到那種「神經纖維的戰慄」了，郭沫若「夜步十里松原」的所思所想，豈是中國古代詩人所能道出的。

在中國詩歌藝術史上，沒有這樣一番精神躁動之後的自我突圍，沒有藝術思維上的種種「越界」，「松原」中的就不會有「神經纖維的戰慄」、「梅花樹下」也難有聲嘶力竭的吶喊，一句話，沒有「歇斯底里」，沒有「躁狂性的

〔註23〕郭沫若：《三葉集》·〈郭沫若致宗白華〉，《郭沫若全集》文學編第 15 卷，北京：人民文學出版社，1990 年版，第 46 頁。

〔註24〕郭沫若：《三葉集》·〈郭沫若致宗白華〉，《郭沫若全集》文學編第 15 卷，北京：人民文學出版社，1990 年版，第 66 頁。

徵候」，最終就不會誕生《天狗》這樣的新詩藝術傑作。

在這個意義上說，正是騷動的松與梅參與促成了中國新詩藝術的現代嬗變。

「留日」與「留歐」派詩人眼中的日本
——以郭沫若與徐志摩的〈留別日本〉為例

裴　亮

〔摘要〕不同作家的作品在精神層面和審美形態上往往不同程度地反映和體現著他們各自所屬文學陣營的整體風貌和文學觀念。留學日本的郭沫若是創造社的文學領袖，而留學歐美的徐志摩則是新月社的核心人物。本文以此二位背景迥異之詩人的同名詩作〈留別日本〉為線索，結合其各自不同的日本體驗與經歷進行考察與解讀，通過對這兩首同題詩作的對比賞析，揭示中國現代文壇不同派系作家其日本認識的多樣性問題。

〔關鍵詞〕徐志摩、郭沫若、〈留別日本〉、日本形象

作爲詩人的徐志摩，生前曾經遊歷了眾多國家和地域。其中，值得我們注目的一個旅行目的地，就是他先後三度造訪過的日本。長久以來，關於郭沫若等「親日派作家」群體與日本的文化淵源，已經得到了充分而深入的研究。然而，對於以徐志摩爲代表的「留學歐美派」作家與日本的關係這一話題，卻仍留有很多值得探討的空間。在徐志摩以日本爲對象所吟詠的詩作中，有一首是寫於 1924 年夏的〈留別日本〉（《志摩的詩》所收，北新書局，1925 年）。與之相對照的是，1923 年 4 月郭沫若也曾創作了同名詩作並於同年 5 月 9 日發表在雜誌《孤軍》（第 1 卷第 8、9 合刊號）上。在大致相同的時期，彼時詩壇的兩大天才詩人不約而同地以相同的題名進行創作本身就意味深長。本文將以徐志摩和郭沫若的這兩首〈留別日本〉之比較爲線索，結合徐志摩與郭沫若各自以日本爲主題的紀行詩文進行集中解讀，通過對同題材作品的對比賞析來揭示中國現代作家日本認識的多樣性問題。

一、兩首〈留別日本〉與兩個留學陣營

關於徐志摩與日本的直接關聯，如果單憑他曾三次遊訪過日本這一事實，或許我們很難說他和日本有很深的地緣關係。然而，日本的風土人情是激發他創作欲望的主題之一，而他以日本爲背景來創作的文章和詩作也爲數不少。在此，先不妨對徐志摩的訪日情況做簡要的梳理：第一回，1918 年 8 月，乘坐南京號前往美國留學途中在東京靠港停留；第二回，1924 年，作爲泰戈爾訪日的隨行人員正式遊訪日本；第三回，1928 年 6 月，前往歐洲旅遊途中經停日本，在神戶、橫濱和東京短暫遊歷、尋訪友人。

首先，我們來考察兩首〈留別日本〉各自的創作背景。1924 年陪同泰戈爾一起訪問完日本的徐志摩，回國之後隨即前往盧山修養，在此期間他陸續翻譯了一系列泰戈爾訪日時所做的演講。隨著翻譯工作的展開，訪日之時的種種回憶和場景被逐一誘發，隨之揮筆寫就了〈留別日本〉。而郭沫若的《留別日本》，則是他在結束了長達十年的在日留學生涯後，1923 年 4 月和家人一同離開日本、回歸祖國之時心緒的凝結和表達。郭沫若在自傳《創造十年》中曾這樣記述道：「一九二三年的三月，在福岡住了四年零七個月的我，算是把大學弄畢業了。（中略——筆者注，下文同）北京沒有去，帶著家眷仍然回到了上海，動身的一天又恰好是四月初一」〔註1〕。郭沫若選擇的線路是從北

〔註 1〕 郭沫若：《創造十年》，《郭沫若全集》，文學編第 12 卷，人民文學出版社，1992

九州島門司港出發乘坐海船歸國，而這要花費將近整整一天時間的海上歸途，似乎也正好爲他提供了一個封閉時空，讓他整理自己離別日本的複雜心境，同時也喚起內心深處對回歸祖國的美好憧憬。而從〈留別日本〉結尾處所屬的日期「四月一日」可以推測出，這首詩歌正是他四月一日在海上歸途中所寫。

不同作家的作品在精神層面和審美形態上往往或多或少、或直接或間接地反映和體現著他們各自所屬文學團體的整體風格和美學理念。在 20 世紀初的中國留學大潮中，以徐志摩等作家爲代表的英美留學陣營與郭沫若等人爲代表的留日作家群，雖然在文學觀念上呈現出不同的傾向與特點，但都以其厚重的文學實績爲中國現代文學的產生、發展、傳播做出了不可忽視的貢獻。留學歐美作家群大都堅持以人爲本，注重文學本體的獨立性與個體心靈的自由抒發；與之相比，留日作家在創作方面則多傾向於從社會現實出發，強調文學的社會性和階級性，注重文學的社會功能和工具性作用。儘管他們在二、三十年代爭鋒相對、論戰頻繁，儘管也都存在著各自的偏見與缺陷，但正因其迥異文學觀之下衍生的不同文學創作恰恰構成了中國現代文學發展進程中一種難得的共生共榮的文學現象，從而生成了既對立卻互補、多元發展的文學格局。留學日本的郭沫若乃是創造社的文學領袖，而留學歐美的徐志摩是新月社的創始人和核心人物。對這樣兩位背景截然不同之詩人的同名詩作進行比較解讀，考察他們各自的日本體驗，我們或許能從中窺探出不同流派作家日本認識的差異之所在。

二、同名的背後：「淚浪滔滔」事件與「眞詩」觀

事實上，在徐志摩與郭沫若的著作當中，除了作品同名之外，就連書名完全重名的情況也曾有發生〔註2〕。具體的情況可從徐志摩散文集《落葉》（北新書局，1926 年 6 月）的序言中窺見一二：

> 這書的書名，有犯抄襲的嫌疑，該得聲明一句。《落葉》是前年

年，第 166 頁。

〔註 2〕〈落葉〉曾是徐志摩 1924 年在北京師範大學舉辦演講的題名。其講稿原載《晨報六週年記念增刊》（1925 年 12 月 1 日），其後收錄於散文集《落葉》（北新書局出版，1926 年 6 月）。郭沫若的小説《落葉》陸續刊發在上海《東方雜誌》第 22 卷第 18 號（1925 年 9 月）、第 19 號（10 月）、第 20 號（10 月）、第 21 號（11 月），其後作爲單行本《落葉》由上海創造出版社於 1926 年 4 月出版。

九月間寫的，去年三月歐行前伏園兄問我來印書，我就決定用那個名字，不想新近郭沫若君印了一部小說也叫《落葉》，我本想改，但轉念同名的書，正如同名的人，也是常有的事，沒有多大關係，並且北新的廣告早一年前已經出去，所以也就隨它。好在此書與郭書性質完全異樣，想來沫若兄氣量大，不至拿冒名頂替的罪來加給我吧。〔註3〕（下劃線為筆者所加，下文同）

從「沫若兄氣量大，不至拿冒名頂替的罪來加給我吧」這樣語帶反諷的話語，不難看出徐志摩此番辯白似乎若有所指。在此，我們需要先梳理一下徐志摩和郭沫若之間究竟發生過怎樣的恩怨糾葛。1923 年春，徐志摩經由中學同級校友郁達夫的介紹與郭沫若相識。或許因同為詩人的緣故，二人起初都彼此懷有好感。然而不久之後的 1923 年 5 月 6 日，徐志摩在胡適主編的《努力週報》第 51 號上發表了一篇題為〈雜記——假詩、壞詩、形似詩〉的詩歌評論，並在文章中對郭沫若所謂「淚浪滔滔」這一詩句的表現提出了一些批評。受此評論及其引發的論戰所影響，二人之間也難免心生嫌隙。關於這起事件，很多前輩學者已經有所論及。因為篇幅的關係，本文將不對事件的過程進行詳細的說明，而是將焦點集中在圍繞此事件二人所發表的表明各自新詩觀念的文章來進行探討。徐志摩在前述文章中，對於郭沫若的詩句，這樣評述道：

> 我記得有一首新詩，題目好像是重訪他數月前的故居，那位詩人摩按他從前的臥榻書桌，看看窗外的雲光水色，不覺大大的動了傷感，他就禁不住——「……淚浪滔滔」（中略）
>
> 現在我們這位詩人回到他三月前的故寓，這三月內也並不曾經過重大變遷，他就使感情強烈，就使眼淚「富餘」，也何至於像海浪一樣的滔滔而來！我們固然不能斷定他當時究竟出了眼淚沒有，但我們敢說他即使流淚也不至於成浪而且滔滔——除非他的淚腺的組織是特異的。總之形容失實便為一種作偽，形容哭淚的字類盡有，比之泉湧，比之雨驟，都還在情理之中，但誰能想像個淚浪滔滔呢？〔註4〕

〔註3〕《落葉》序言，1926 年 6 月 28 日作，載 1926 年 7 月 3 日《晨報副刊》，署名志摩。初收 1926 年 6 月北新書局散文集《落葉》。此處引自韓石山編《徐志摩全集》，第三卷《散文3》，天津人民出版社，2005 年，第 93 頁。

〔註4〕徐志摩：〈假詩‧壞詩‧形似詩〉，韓石山編：《徐志摩全集》，第一卷《散文1》，

被徐志摩所詬病的詩句「淚浪滔滔」，初見於郭沫若寫給郁達夫的書簡〈海外歸鴻一〉中一首名為〈重過舊居〉的詩中，1922 年 5 月發表於《創造季刊》的創刊號上。據《創造十年》記載，1921 年夏郭沫若重返離開了三個月之久的日本福岡後，發現自己的妻兒已被原來的房東掃地出門而不知所蹤，四處打聽後才尋找到失散的家人：

> 原來新遷的住居是在箱崎町的街道上，背著海岸，和海岸相隔還有兩三家漁家。後面有一方空地，有新木板牆圍著。我先隔著那木板牆看見大的一個兒子和夫，一個人孤另另地坐在那空地當中挖土。頭髮很長，好像是自從我走後從不曾剪過髮的光景。<u>就單只這樣一個情景已經就使我的眼淚流出來了。</u>（中略）我們本來是沒有什麼傢具的，我的一些書籍又已經運回了上海，看起來真正是家徒四壁，<u>這些不消說又是催人眼淚的資料了。</u>我那〈淚浪〉的一首詩，被已故「詩哲」（徐志摩）罵我是「假人」，罵我的眼淚「就和女人的眼淚一樣不值錢」的那首詩，便是在這一天領著大的一個兒子出去理髮時做的。我們繞道走去，在以前的舊居前纏綿了一會。那裡還沒有人住，有兩三位木匠在那兒修理。我也就走進去，在那樓上眺望了一回，那時候的眼淚真是賤，<u>種種的往事一齊襲來，便逼得我「淚浪滔滔」了。</u>〔註5〕

作為父親，沒能對孩子給予很好的照料；作為丈夫，沒能對妻子給予安穩的保障；回首過去，留學之路充滿艱辛；眺望未來，前程依舊渺茫不定。這千頭萬緒湧上心頭，百感交集的郭沫若正如他自己所形容，眼淚一波未平一波又起，自然是「淚浪滔滔」了。顯然，徐志摩在做舉例點評時，並沒有站在詩歌作者的立場和心態來對郭沫若所寄託於詩句中的心酸往事和苦痛回憶給予同情之理解。但也可以肯定的是，徐志摩的批評僅僅是就詩論詩，而並沒有要借助對詩歌的批評來達到諷刺郭沫若人格的想法。在同一篇文章中，徐志摩這樣表達了自己對文藝評論的認識：

> 評衡者（The Critic）的職務，就在評作品之真偽，衡作品之高下。他是文藝界的審判官。他有求美若渴的熱心，他也有疾偽如仇

天津人民出版社，2005 年，第 270 頁。
〔註 5〕郭沫若：《創造十年》，《郭沫若全集》文學編第 12 卷，人民文學出版社，1992 年，第 106、107 頁。

的義憤。他所以讚揚眞好的作品，目的是獎勵，批評次等的作品，
目的是指導，排斥虛偽的作品，目的是維持藝術的正誼與尊嚴。人
有眞好人，眞壞人，假人，沒中用人；詩也有眞詩，壞詩，形似詩
（Mere verse）。眞好人是人格和諧了自然流露的品性；眞好詩是情
緒和諧了（經過衝突以後）自然流露的產物。〔註6〕

　　而在〈雜記——假詩、壞詩、形似詩〉（5月6日）發表之後的5月30日，
徐志摩接受邀請在北京師範大學附屬中學進行了題為〈詩人與詩〉〔註7〕的演
講，進一步深入闡釋了他對於如何創作一首「眞詩」的看法：

　　詩是寫人們的情緒的感受或發生。（中略）天賦我們的眼睛，我
們要運用他能看的本能去觀察；天賦我們的耳，我們要運用他能聽
的本能去諦聽；天賦我們的心，我們要運用他能想的本能去思想；
此外還要依賴一種潛識——想像化，把深刻的感動讓他在潛識內融
化，等他自己結晶，一首詩這才能夠算成功。（前略）詩是極高尚極
純粹的東西，不要太容易去作，更不要為發表而作。我們得到一種
詩的實質，先要溶化在心裡；直至忍無可忍，覺得幾乎要迸出我的
心腔的時候，才把他寫出。那才能算一首眞的詩。〔註8〕

　　在這篇演講辭中，徐志摩強調和主張要寫出眞的詩歌，成為眞正的詩
人，需要培養個人的感受性和想像力，並在強化眞情實感的基礎上進行自然
的表達。剛剛學成回國不久、還沒有充分瞭解當時中國文壇的形勢狀況的
徐志摩，在演講中忠實地表達了自己對新詩的種種看法，而事實上他也正是
秉持著這一「眞詩」的標準，以郭沫若的詩句為例證而展開了在他看來是
正當而純粹的文藝批評。但結果卻事與願違，引發了一場與創造社作家群之
間的口誅筆伐。徐志摩在批評文章中雖然並沒有指名道姓點出「淚浪滔滔」
出自哪位詩人之手，但作為郭沫若好友的創造社成員們卻一致認為徐志摩
的用意「全在攻擊沫若那句詩，全在侮辱沫若的人格」〔註9〕。當時，由於徐

〔註6〕　徐志摩：〈假詩‧壞詩‧形似詩〉，韓石山編：《徐志摩全集》，第一卷《散文1》，
　　　　天津人民出版社，2005年，第267頁。
〔註7〕　這是1923年5月在北師大附中演講的記錄整理稿，載1923年6月《新民意
　　　　報》副刊《朝霞》第6期。
〔註8〕　徐志摩：〈詩人與詩〉，韓石山編：《徐志摩全集》，第一卷《散文1》，天津人
　　　　民出版社，2005年，第277、278頁。
〔註9〕　成仿吾：〈通信四則〉，《創造週報》第4號，1923年6月3日。

志摩的大多數作品都發表於胡適所主宰的《努力周報》之上，因而將徐志摩視爲與胡適一派的想法也就順理成章了。原本在此階段，創造社就與胡適所主編的《努力周報》以及文學研究會之間就存在一種情感上對立的傾向，而徐志摩針對郭沫若詩句進行批評的行爲，自然也就無法避免地被捲入其中，演化成超越了徐志摩「純粹性的文藝批評」這一原本意圖的「淚浪滔滔」事件。完全不熟悉當時文壇上複雜派系關係而受到無辜牽連的徐志摩，立即寫出了〈天下本無事〉一文，發表在《晨報副刊》第 153 號（同年 6 月 10 日）上予以回應，滿懷誠意地對自己的立場以及行文本意進行了如下辯解：

> 我到最近才知道文學會與創造社是過不去的，創造社與努力報也是不很過得去的。但在我望出來，卻不曾看見什麼會與什麼社什麼報，我所見的只是熱心創造新文學新藝術的同志；我既不隸屬於此社，也不曾歸附於彼會，更不曾充何報的正式主筆。所以我自己極淺薄無聊的作品之投贈，只問其所投出版物宗旨之純否眞否，而不計較其爲此會之機關或彼社之代表。（中略）我回想那篇雜記通篇只是泛論，引文卻就只「淚浪滔滔……」那四字，（中略）還有由假詩而牽涉到假人，更是令我失效的大搭題。我絕對的不曾那樣的存心。〔註10〕

而從該文中徐志摩具體回應如何評價郭沫若詩歌時所言「每次有人問我新詩裡誰的最要得，我未有不首推郭沫若的，同時我也不隱諱他初期嘗試作品之不足爲法」（出處同注 13，第 283 頁）這一亦褒亦貶的委婉說法中，我們卻能看到徐志摩在面對既爲詩歌同人又是論爭對手的郭沫若時所流露出的詩人自尊與矛盾心態。

那麼，在 1920 年代前半期，郭沫若自身對於新詩創作抑或文藝創作又懷抱著怎樣的認知呢？在步入新詩創作之路的初期，郭沫若曾在 1920 年 2 月 16 日寫給宗白華的書信中這樣表白道：

> 我自己對於詩的直感，總覺得以「自然流露」的爲上乘（中略）亞里士多德說，「詩是模仿自然的東西。」我看他這句話，不僅是寫實家所謂忠於描寫的意思，他是說詩的創造貴在自然流露。詩的

〔註10〕 徐志摩：〈天下本無事〉，韓石山編：《徐志摩全集》，第一卷《散文 1》，天津人民出版社，2005 年，第 281、282 頁。

生成，如像自然物的生存一般，不當參以絲毫的矯揉造作。我想新體詩的生命便在這裡。(中略) 詩的本職專在抒情。抒情的文字便不采詩形，也不失其詩。例如近代的自由詩，散文詩，都是些抒情的散文。自由詩散文詩的建設也正是近代詩人不願受一切的束縛，破除一切已成的形式，而專把詩的神髓以便於其自然流露的一種表示。〔註11〕

本文雖然無法對郭沫若的新詩觀進行展開論述，但從上文引述部分我們可以看出，郭沫若所提倡的「情緒自然流露說」與徐志摩所謂「真情緒的結晶，自然的表現」之「真詩」觀有著非常相似之處。然而，二人所主張的情緒表現方式與發展方向卻又截然相反。徐志摩所認為的情緒應該「把深刻的感動讓他在潛識內融化，等他自己結晶」，可以說是一種「向內凝聚」的詩法，而郭沫若則可以看成是一種「向外噴張」式的情緒表達。而從二者實際的詩歌創作來看，郭沫若的詩作更多的是不守規則的束縛，採取一種更為自由的詩體形式。與之相對的是，徐志摩則在相對規整的詩形範圍之內表現一種詩歌內在的自由情緒從而達到形式與情感的和諧統一。因而，郭沫若的詩作也更多表現出情緒的誇張和對力量的崇拜等特徵，相反徐志摩的眾多作品則被讚賞為情緒雋永和音韻調和的典範。也正因為兩位詩人對於情緒的表達在觀念上存在這種逆向的差異，所以對於郭沫若而言原本乃是表達真實情緒和心聲的「淚浪滔滔」，卻被徐志摩認作「偽詩」的例證而遭到批評。

經過以上分析我們看到，「淚浪滔滔」事件之後，徐志摩與郭沫若開始各自朝著相反的方向前行。即便如此，徐志摩卻也時常保持了對郭沫若文筆活動強烈而持續的關注，這一點可以從二人論爭的言辭以及徐志摩對〈落葉〉同名事件的說明中可以窺見一斑。也正因如此，我們可以推斷徐志摩讀過郭沫若〈留別日本〉的可能性是比較大的。此前僅僅因為一句對郭沫若「淚浪滔滔」的批評就被捲入一場沒有預料到的論戰。所謂吃一塹長一智，或許正因為有了這樣的經歷與教訓，徐志摩才並沒有對〈留別日本〉的同名而作相應的說明吧。這兩首詩都是由六節所構成的抒情詩，二者在形式上非常相似。事實上，徐志摩在此時期以日本為題材所創作的詩作已有《沙揚娜拉十

〔註11〕原載 1920 年 2 月 24 日上海《時事新報・學燈》。此處轉引自《郭沫若全集》文學編第 15 卷（人民文學出版社，1990 年）所收《三葉集》，第 47 頁。

八首》了，但緣何他還要寫這首〈留別日本〉呢？經過以上對二者詩歌觀念以及交往關係的梳理，我們或許可以這樣推測：徐志摩意識到郭沫若筆下的日本和自己所親身體驗到的日本有著天壤之別，雖在內心認爲郭沫若的作品並不符合他「眞詩」標準，但爲了避免再度引起紛爭而沒有去進行針對性的批評。反而是有意識地模仿郭沫若的〈留別日本〉，以仿作代評論來將他自己眼中所見到的日本傳達給讀者大眾。

三、異樣的「日本體驗」，兩極的「心象風景」

那麼，這兩首作品又到底蘊含了徐志摩和郭沫若二人各自怎樣的日本認識呢？

關於 1924 年泰戈爾日本訪問實現的經緯，當時擔當了泰戈爾一行人員陪同翻譯工作的和田富子（1896～1993）在回憶中提到：「我找到朝日新聞社門司支局局長進行商議，得到了泰戈爾一行訪日的經費支持。於是我給身在北京的泰翁發送了電報並邀請他在大阪和東京進行演講（筆者譯）」〔註12〕。作爲泰戈爾隨行人員的徐志摩也從日方得到了訪日的經費支持。不僅如此，甚至被視爲貴賓而禮待有加，從而全身心地體味到了一般普通中國人無法經歷的遊訪體驗。而更爲重要地是，隨著遊訪日本主要城市行程的深入，徐志摩親眼目睹了經歷過關東大地震之後日本普通民眾努力重建家園的身姿，加深了他對日本人民所持好感的同時，也給他提供了反省中國民眾之國民性和社會問題的契機。

郭沫若在日本開始他的新詩創作之始，懷抱著一種親近自然的思想，並曾用大量的筆墨持續地書寫和讚美了日本自然之美。然而，到了「留別日本」之時，他卻一反前狀，創作了一首飽含民族憤怒之情的特別之作。從不同於徐志摩的視角和體驗出發，將他鬱積於內心的情感借助詩歌的形式爆發出來。郭沫若曾對於自己曾經所遭受的來自日本人的人種歧視遭遇進行過這樣的控訴：「日本人稱中國爲『支那』。本來支那並非惡意，有人說本是『秦』字的音變，但出自日本人口中則比歐洲人稱猶太還要下作」〔註13〕。可見，郭沫若的處境和身份與作爲外國貴賓來訪日本的徐志摩相比無疑是天差地

〔註12〕〔日〕高良とみ：《高良とみの生と著作》第七卷，ドメス出版，2007 年，第214 頁。

〔註13〕郭沫若：〈關於日本人對中國人的態度〉，《宇宙風》1936 年 9 月第 25 期。

別。對於一名只是在異國求學苦讀的留學生郭沫若而言，對日本的認識最先還是來自於日常而細碎的生活體驗。沉重的生活和經濟壓力以及前途未卜的內心苦悶等等，這種種身體和心靈的雙重艱辛體驗在他筆下的《創造十年》中充滿了字裡行間。

（一）異邦與故國：作為鏡象的日本

前文所述徐志摩與郭沫若各自不同的日本體驗，也在其二人的同名詩作《留別日本》中有所表達。接下來，我們對兩首作品進行具體的比較分析（詩節對比請參照下表，帶圈字符表示其在詩作中的相應小節數）。

| 徐志摩：對異邦之憧憬 | ①我慚愧我來自古文明的鄉國，
我慚愧我脈管中有古先民的遺血，
我慚愧揚子江的流波如今溷濁，
我慚愧—我面對著富士山的清越！

⑥為此我羨慕者島民依舊保持著古往的風尚
在樸素的鄉間想見古社會的雅馴，清潔，狀曠
我不敢不祈禱古家邦的重光，但同時我願黌
願東方的朝霞永葆扶桑的優美，優美的扶桑！ | ②你們島國的風光誠然鮮明，
你們島國的女兒誠然誠懇，
你們物質的進步誠然驚人，
你們日常的生涯誠然平穩；
但是呀，你們，無產者的你們！
你們是受著了永遠的監禁！

⑤可憐呀，邪馬臺的兄弟！
我的故山雖是荊棘滿途，
可是那兒有清潔的山茶可煎。
那兒有任鳥飛的清空，
那兒有任魚遊的江湖，
那兒的牢獄雖有如無。 | 郭沫若：向故國的回歸 |

從詩人的立場而言，徐志摩的詩作總體上是以回到中國之後對留下深刻印象的日本進行回想的方式來書寫，而郭沫若的作品則表現了他將與曾壓迫他的日本訣別。雖然出發點不同，但兩首作品卻有著相同的構造，那就是：以日本為鏡，在與日本的對比之中來反觀自己的母國。而就詩作中所呈現的對異邦與故國的態度而言，徐志摩總體上表現出對日本文化的傾倒和對日本異國情調的憧憬（比如第一節、第六節）。與之相對的是，對於自己母國的中國，卻站在批判者的立場，控訴現實中國的不滿而追懷古典文化的盛況。徐志摩的這種思路，不僅僅是在詩作中，在他隨後談及日本之行的演講稿〈落葉〉（1924 年秋）中也有所體現：

再看日本人天災後的勇猛與毅力，我們就不由的不慚愧我們的窮，我們的乏，我們的寒傖。這精神的窮乏才是真可恥的，不是物質的窮乏。我們所受的苦難都還不是我們應有的試驗的本身，那還差得遠著哪；但是我們的醜態已經恰好與人家的從容成一個對照。

　　<u>我們的精神生活沒有充分的涵養</u>（下劃線為筆者所加）〔註14〕。

　　郭沫若卻正好相反，他則是秉持一種類似國族主義的主張和立場，在對日本進行批判的同時表達了一種期盼早日回歸祖國的心境。比如詩歌的第二節和第五節，當時的日本無論是多麼先進而美麗的國度，但在郭沫若的眼中看來都無法和自己的祖國相提並論。全詩洋溢著要向祖國飛奔而去的「回歸」心態。詩作中的這種心境，同樣在自傳《創造十年》中能夠找到對應：「『五四』以後的中國，在我的心目中就像一位很蔥俊的有進取氣象的姑娘，她簡直就和我的愛人一樣。（中略）在『五四』以後的國內青年，大家感受著知識欲的驅迫，都爭先恐後地跑向外國去的時候，我處在國外的人卻苦於知識的桎梏想自由解脫，跑回國去投進我愛人的懷裡」〔註15〕。如此這般發自心底的呼聲，無疑可以看作是郭版〈留別日本〉最相稱的注腳。

（二）「理想之國」與「文明監獄」

　　正因為徐志摩和郭沫若二人經歷了異質性的日本體驗，秉持著迥然不同的立場，懷抱著截然相反的態度，決定了他們詩作中各自所描繪出的「心象風景」抑或是「日本形象」也自然呈現出兩個極端。

| 徐志摩：作為理想國的扶桑 | 我記得扶桑海上的朝陽，
黃金似的散佈在扶桑的海上；
我記得扶桑海上的群島，
翡翠似的浮漚在扶桑的海上——
沙揚娜拉！
　　　〈沙揚娜拉十八首〉第1節 | ③新式的一座文明監獄喲！
前門是森嚴的黑鐵造成，
後庭是燦爛的黃金照眼。
無期徒刑囚的看守人
文人、學者、教徒、藝術家……
佳的是白骨砌成的象牙宮殿。
④雖然有有為之人想破獄而逃，
但可憐四方的監牆太高
前門有猙獰的惡犬守門
更比那山中的虎狼殘暴
你們竟連說話都不敢大聲
大了，你們便要地塗肝腦。 | 郭沫若：作為文明監獄的邪馬臺國 |

　　在中國古典文獻以及傳說中，時常能夠見到用「扶桑」來指稱海上仙境，比喻一種世間樂土。而這種情況直到現在也延續不斷地得到繼承。徐志摩詩作中所描繪的日本景象，正如這種古典傳統所言，是猶如「扶桑」一般的理

〔註14〕徐志摩：〈落葉〉，韓石山編：《徐志摩全集》，第一卷《散文1》，天津人民出版社，2005年，第467頁。

〔註15〕郭沫若：《創造十年》，《郭沫若全集》文學編第12卷，人民文學出版社，1992年，第73、74頁。

想國式的存在。長期在日本這片土地上實實在在生活過的郭沫若則與之相反，因爲親眼看過、全方位體味過日本的不同側面，所以他對日本的態度懷抱著讚美與不滿的兩面性。而在郭沫若版的〈留別日本〉中，他只是單單選擇將他長期在日本鬱積的不滿、苦悶、不自由的一面盡情地傾吐了出來。正因爲如此，滯留了長達十年之久地日本，在他的心中成爲了一所無形的監獄。〈留別日本〉則正是給他十年留學生涯畫上終止符一般的具有象徵意義的作品。

事實上，在〈留別日本〉創作前後的這一時期，中國的內亂以及關涉到民族存亡的各種政治問題給了郭沫若思想上很大的衝擊，而這種影響也非常直接地體現到他的文藝觀念中。在1923年9月9日發表於《上海周報》第18號上的〈藝術家和革命家〉一文中，郭沫若這樣論述道：

> 藝術家要把他的藝術來宣傳革命，我們不能論議他宣傳革命的可不可，我們只能論他所藉以宣傳的是不是藝術。假使他宣傳的工具確是藝術的作品，那他自然是個藝術家。這樣的藝術家以他的作品來宣傳革命，也就和實行家拿一個炸彈去實行革命是一樣，一樣對於革命事業有實際的貢獻。〔註16〕

在郭沫若早期的詩論中，他主要倡導詩歌本體的藝術性。到了1923年，他卻開始強調文學家的社會責任以及要重視文學的社會性。而1924年5月，他開始著手翻譯河上肇（1879～1946）的《社會組織與社會革命》，受其影響他的文藝觀爲之一新，自稱轉變爲一名馬克思主義者。隨後，他便將文藝的社會使命與革命性作爲文學創作的信條。如若將這一時期的徐志摩與郭沫若相比，我們能明顯地意識到「如果說徐志摩是自然之子，那麼郭沫若更像是一位社會之子」〔註17〕。徐志摩不僅僅是沒有將自身定位爲啓蒙家的自覺意識，而且他更是對馬克思主義的階級性提出質疑，並提倡一種普遍性的個人主義：「我是一個不可教訓的個人主義者。這並不高深，這只是說我只知道個人，只認得清個人，只信得過個人。我信德謨克拉西的意義只是普遍的個人主義」〔註18〕。因此，即便是以相同主題來創作的同名詩作，郭沫若採取的

〔註16〕郭沫若：〈藝術家與革命家〉，《郭沫若全集》文學編第15卷，人民文學出版社，1990年，第192頁。

〔註17〕李怡：《中國現代新詩與古典詩歌傳統》（西南師範大學出版社，1994年），第229頁。

〔註18〕徐志摩：〈列寧忌日——談革命〉，《晨報副刊》1926年1月21日。

是從階級論的視角來批判日本，呈現出一種革命者的姿態。而徐志摩則是一
以貫之地傾注真實的情緒和感受，最直接地抒寫了自己對日本的認識。

結　語

　　中國人古往今來都對日本有著深厚的興趣與密切的關注，對日本的言說
也從《山海經》的想像開始一直持續到現在。特別是到了近現代，有以黃遵
憲的《日本國志》為代表的風俗記，有以王韜的《扶桑遊記》為代表的旅行
記，有以戴季陶的《日本論》為代表的論說文，還有周作人筆下描繪日本文
化的一系列小品文等等，可謂不勝枚舉。而伴隨著這些形式各異、視角不一
的日本言說的出版和傳播，中國人眼中的日本形象從最初的虛幻之象變遷為
現實之象，近代中國知識人鮮活而多面的「日本體驗」也浮出水面進入公眾
視野。本文所選取的徐志摩與郭沫若，都以現代詩人的身份觀察日本，體驗
日本，進而以詩歌的形式抒寫了各自所理解的日本。我們也通過對二人同名
詩作《留別日本》的比較解讀，從一個側面考察了徐志摩與郭沫若的日本認
識。正如前文所述，長期在日本生活過的郭沫若其筆下所呈現的日本較為複
雜而且多面。與之相比，徐志摩的日本紀行詩文中所描繪的日本形象，則是
一種「理想國」式的「扶桑桃源」，這在某種程度上可以說是由於受到貴賓式
接待的公式化訪日給他帶來一種情感體驗的錯覺，並由之生發出一種如海市
蜃樓般的「心象風景」。與魯迅、周作人以及郭沫若這類知日派作家相比，徐
志摩的文學作品中所呈現的日本形象儘管難免稍顯片面而且單純，但作為近
代中國知識階層日本觀的一個有代表性的橫截面，卻也不容我們忽視。

（作者單位：武漢大學文學院講師）

留學日本的時空體驗與郭沫若早期詩歌的時空意識

湯巧巧

〔摘要〕留學日本帶來的時空意識的巨大轉變，使得郭沫若《女神》、《星空》裡的作品，在詩歌的時空結構形式方面顯示出獨特的時代精神，呈現出新鮮、光明、偏執、高遠的美學風格。

〔關鍵詞〕時空意識、時空形式、郭沫若、詩歌、《女神》、《星空》

　　郭沫若所生活的時代，是大變動大革命的時代，社會、政治、文學、藝術、時間空間等等均處於急劇變化的洪流之中。梁啓超在 1899 年歲末，在太平洋舟中，寫下了著名的〈二十世紀太平洋歌〉：「乃於西曆一千八百九十九年臘月晦日之夜半，扁舟橫渡太平洋。驀然忽想今夕何夕地何地，乃是新舊二世紀之界線，東西兩半球之中央，不自我先不我後，置身世界第一關鍵之津梁。」〔註1〕「新舊二世紀、東西兩半球」的認識形成了一種嶄新的時空意識，同時也昭示了我們現代主體又是怎樣在一種現代的時空結構關係中生成的。那麼，作爲時代精神「肖子」的郭沫若君，在這樣的時空震蕩中，是如何用新詩寫出時代之精神的呢？

　　研究郭沫若君的時代精神者，多從其反帝反封建的時代內容出發，闡釋聞一多在〈女神之時代精神〉中對郭沫若新詩的定義：「若講新詩，郭沫若君的詩才配稱新詩呢，不獨藝術上他的作品與舊詩詞相去最遠，最要緊的是他的精神完全是時代的精神——二十世紀底時代精神。」〔註2〕這句著名的斷語的確切中郭沫若新詩的獨創性。然而，如果僅僅從反帝反封建的精神出發，是不能承載「二十世紀底時代精神」的深厚內蘊的。「二十世紀底時代精神」在抽象的層面上，至少可以用「開放、自省、破壞、創造、革命」等詞語來表達，所有這些表達的前提是中國遭遇的時空結構的空前轉變。今天重讀郭沫若《女神》、《星空》裡的詩歌，彷彿打開了一個時空的閘門，大時代的時空變動與郭沫若新詩的精神氛圍互爲主體；內宇宙與外宇宙、個人時間與社會時間、心理時間與物理時間等等交相輝映、互爲印證，方感概郭沫若的確是一個時代忠貞不二的「肖子」。

一、時空與詩歌的結構、主題

　　「時空」的觀念在中西方的流變，是人類認知不斷前進的標誌之一。從被牛頓力學證明並固化了的古希臘亞里士多德提出的單向的、一維的不可逆的物理時空，到相對論的「時空可以扭曲」，再到弗洛伊德、柏格森等提出的潛意識、「純粹時間」（心理時間），西方時空觀念的發展推動了科學和文學藝術的一次次超越。這些新的時空觀，伴隨著十九世紀末二十世紀初中國國門被西方的大炮打開，輸入到這個古老的、被時間和空間凝固了的大地。「他者」

〔註1〕梁啓超：〈二十世紀太平洋歌〉，《飲冰室合集》〔M〕，中華書局，1996 年，第17頁。

〔註2〕聞一多：〈女神之時代精神〉，《創造週報》1923 年第 4 號。

的強勢和浩大的時空氣場映襯了「自我」單一和線性的時空思維，社會文化大變革的信號在新的時空模式中頻頻發射。王富仁先生曾深刻地分析了現代中國時空意識的產生：「正是由於鴉片戰爭之後中國的知識分子發現了一個『西方世界』，發現了一個新的空間，他們的整個宇宙觀才逐漸發生了與中國古代知識分子截然不同的變化。」〔註3〕

其時的郭沫若從偏居一隅的中國西南小城走向日本，空間的急劇轉換伴隨著新的時間體驗，帶給郭沫若對世界的全新感受。在他早期的詩歌創作中，沒有清晰的理論認知和政治路向，幾乎完全是新的時空刺激下的「宇宙大爆炸」式書寫。宇宙大爆炸，是宇宙的失衡，是從一片混沌中的破壞、創造然後再生。看看他《女神》時期的詩歌創作：〈女神之再生〉、〈鳳凰涅槃〉、〈天狗〉、〈日出〉、〈晨安〉、〈立在地球邊上放號〉、〈地球，我的母親〉等等，「宇宙」、「世界」、「太陽」、「地球」等等大空間、大場景頻頻出現，特別是〈天狗〉：

> 我是一條天狗呀，我把月來吞了，我把日來吞了，我把一切的
> 星球來吞了，我把全宇宙來吞了，我便是我了……我便是我呀，我
> 的我要爆了！〔註4〕

大空間大場景在詩人的內宇宙裡激起的化學反應勢不可擋，直至瘋狂地爆炸。如果不結合內宇宙和外宇宙的關係來看，就很難為這樣的情緒找到一個支點。李怡先生曾經分析過，以〈天狗〉為代表的這些詩，它們的表達方式和抒情方式與古典詩歌截然不同，一個是「情緒」，一個是「情感」。情感是古典方式的，講究「樂而不淫，哀而不傷」，是中和之美；情緒卻是現代方式的，講究極端、極致，是偏執之美。〔註5〕如果站在古代與現代詩人時空觀角度來看，古詩的中和之美象徵著古人在恒常的時間和空間面前的自然和平、寧靜和諧，新詩的偏執之美象徵著被歷史的巨掌推入新時空中的現代人——內心的巨大震蕩與失衡。郭沫若《女神》詩歌中表現出的內宇宙的磅礡恣肆、瘋狂偏執，正是二十世紀初葉這個時間點的中國，剛剛睜開眼睛看世界，經歷了「西方」這個具有巨大時空當量的「他者」的刺激，產生出既向西方依賴學習又飽受西方壓力的狀態——開放和失衡的雙重社會心理隱喻。

〔註3〕王富仁：〈時間・空間・人〉〔J〕，《魯迅研究月刊》2000年第1期。
〔註4〕郭沫若：〈天狗〉《郭沫若全集》文學編第1卷〔M〕，人民文學出版社，1982年，第42頁。
〔註5〕李怡：〈情緒：中國新詩的欣賞核心〉〔J〕，《中學語文教學》2010年第9期。

其時的社會時空大變化，對中國社會這個外宇宙和作家個人的內宇宙而言，其實是嚮往與拒斥互相纏繞，並在互相糾纏中產生出深刻的偏執和失衡。這種糾纏，在魯迅的〈文化偏至論〉和〈摩羅詩力說〉裡有，而郭沫若此時期的詩歌創作更充分揭示出他的個人時空結構和社會時空感的重疊，或者說是相互表達與印證。

在《女神》裡，郭沫若對宇宙的想像與寫作是極其矛盾的。〈鳳凰涅槃〉裡對宇宙的客觀想像和追問是：

> 宇宙啊宇宙，你為什麼存在？你自從哪兒來？你坐在哪兒在？
>
> 你是個有限大的空球？你是個無限大的整塊？〔註6〕

客觀想像和追問是一個人時空感的形而上驅使所致，說明了其時的詩人對時空的好奇、探索和嚮往。但是，令人吃驚的是，緊接著，詩人把宇宙同這個陰穢的世界主觀聯繫起來：

> 宇宙呀，宇宙，我要努力地把你詛咒：你膿血污穢著的屠場呀！
>
> 你悲哀充塞著的囚牢呀！你群鬼叫號著的墳墓呀！你群魔跳梁著的
>
> 地獄呀！你到底為什麼存在？〔註7〕

這是一個奇妙的轉折，前面的追問和後面的回答收縮了宇宙的空間，把宇宙的神秘浩瀚與世界的陰暗可感聯繫起來。此時期的詩人年輕朝氣，是「逃到海外去造新的光明和新的熱力去了」〔註8〕，在時空的延展中打開了視野，開啟了心智。那時的他瘋狂接受來自外域的知識文化，在泰戈爾、斯賓諾莎、惠特曼的宇宙裡接受新鮮的氣息，內心充滿對大宇宙大光明的狂熱喜愛。就如他在〈光海〉一詩中所寫：「無限的大自然，成了一個光海了，到處都是生命的光波，到處都是新鮮的情調。」。但是，現世的挫折卻時刻糾纏著詩人的內心。個人的窮困潦倒、國家的貧窮落後，每每挫傷詩人的大光明大宇宙的感受。如他自已後來所述：「我們微弱的精神在時代的荒浪裡好像浮蕩著的一株海草。我們的物質的生活簡直像伯夷叔齊在首陽山上了。以我們這樣的精神，以我們這樣的遭遇，我們能夠從事於醍醐的陶醉嗎？」〔註9〕因此，在〈鳳

〔註6〕 郭沫若：〈鳳凰涅槃〉《郭沫若全集》文學編第1卷〔M〕，人民文學出版社，1982年，第36頁。

〔註7〕 同上，第37頁。

〔註8〕 郭沫若：〈女神之再生〉《郭沫若全集》文學編第1卷〔M〕，人民文學出版社，1982年，第14頁。

〔註9〕 郭沫若：〈孤鴻〉，邵華等編：《郭沫若研究資料》上〔C〕，知識產權出版社，

凰涅槃〉裡,才有了對宇宙空間的矛盾偏執的感受。同樣,郭沫若對於地球和光明的表述也是極其矛盾的。在〈地球,我的母親〉中與地球身心合一的相愛與讚美,而〈立在地球邊上放號〉卻要讓「無限的太平洋提起他全身的力量來要把地球推倒」。在〈雪朝〉、〈光海〉、〈晨安〉、〈心燈〉、〈日出〉裏對光明的神往,突然又在〈夜〉中要擁抱「黑暗的夜」,詛咒「那些外來的光明」。對同一個空間的不同感受,無論是嚮往、詛咒、擁抱、拒斥,種種失衡和偏執正是詩人內宇宙矛盾的反映——這也恰恰是古老中國在嶄新的時間點上經歷的種種矛盾和糾葛。

矛盾導致的失衡,勢必要有爆發的出口。這個爆發的出口,於社會,是運動和革命,正如 1871 年巴黎公社革命。大衛哈維認為,巴黎公社的擁護者把保衛巴黎的緊迫組織工作放在一邊,而去拆毀凡杜姆柱的重要原因是,這根被憎恨的圓柱,象徵長久以來統治他們的外力;它是城市空間組織的象徵,這個空間組織通過建造奧斯曼林蔭大道和將勞工階級驅離市中心,把許多人安置在「他們的位置上」。而革命就是要「推倒象徵既有秩序的空間,導致了採用不同以往的非等級性想像來重建巴黎的內部空間」。〔註 10〕二十世紀初葉,中國爆發的辛亥革命、五四運動等等革命運動,正是致力於徹底破壞舊中國內部空間,重新創造新的內部空間的努力。「打倒孔家店」、「重估一切價值」的「打倒」、「重估」的社會時空感受,在郭沫若《女神》時期的詩歌中同樣有巨大的回響:

　　　　那樣五色的東西此後莫中用了!我們盡他破壞不用再補他了!

　　待我們新造的太陽出來,要照徹天內的世界,天外的世界!〔註 11〕

殘破的天體不中用了,新造的太陽照徹宇宙,破壞與創造的衝動與威力,形成郭沫若《女神》時期詩歌的浩大時空結構,並時刻隱喻著當時社會的革命精神。他在爲朱謙之《革命哲學》寫的序〈宇宙革命底狂歌〉,更是明確指出:「革命底精神便是全宇宙的本體」。

儘管在《女神》時期,郭沫若的時空感受是矛盾的、失衡的,但總體上來說,此時期,郭沫若時間的結構方式還是屬於充滿希望的「早晨」,大氣磅

　　　2010 年,第 161 頁。

〔註10〕　(美)大衛‧哈維:《時空之間:關於地理學現象的反思》〔A〕,都市空間與
　　　文化想像〔C〕,上海:三聯書店,2008 年,第 7 頁。

〔註11〕郭沫若:〈女神之再生〉《郭沫若全集》文學編第 1 卷〔M〕,人民文學出版社,
　　　1982 年,第 12 頁。

磚與光明革命的宇宙空間造型更爲突出。這與五四時期充滿朝氣和光明的時空感交相共振。到了《星空》時期，卻又呈現出另一種時空結構特點。

　　《星空》詩集裡的詩，時間當然已經屬於夜晚。在空間造型方面，也從「宇宙」、「地球」、「太陽」等浩大場景中轉化成〈廣寒宮〉、〈新月〉、〈天上的市街〉、〈燈檯〉、〈暗夜〉、〈兩個大星〉等場景。場景的轉換，已經暗喻了詩人內宇宙的變化。《星空》時期，郭沫若經歷了五四運動的退潮和回國組織創造社活動的艱難。曾經在〈筆立山頭展望〉中熱烈謳歌近代文明嚴母和大都市精神的郭沫若，來到上海，親歷大都市生活的冷酷，令人窒息的 gasoline，富人飛揚的汽車，窮人卑微的乞討，再加上初到上海開展文學運動的艱難而孤立的處境，《女神》時期創造的激情和浩大的時空感，在現實的圍困中進一步收縮。《星空》的題詞非常恰當地表達了詩人此時期的時空感受：時間－夜晚；空間－星空。

　　夜晚的星空既有生的苦悶，也有生的希望。這是一個失望與希望交織的張力時空場。沒有了五四時期天馬行空、瘋狂失衡的時空之旅，多了一分對有限時空的關注和發現。

　　「美哉！美哉！天體於我，不曾有今宵歡快！美哉！美哉！我今生有此一宵，人生誠可贊愛！永恒無際的合抱喲！惠愛無涯的目語喲！太空中只有閃爍的星和我」〔註12〕。其時的天體不再是狂飆突進的革命宇宙，而是「美」和「愛」。是「合抱」和「目語」，詩人心中曾經瘋狂激盪幾近爆裂的時空感受已經慢慢蛻變。如果說《女神》時期的宇宙是爆炸的宇宙，力的驅使是單一偏執的革命式的暴力節奏，那麼，《星空》時期的宇宙則是「雨後的宇宙，好像淚洗過的良心，寂然幽靜」。而力的走向，也從單一的線性的偏執的，變成曲折的網狀的發散型走向，《女神》的破壞性在詩人的內審和外審中被《星空》的幽靜迷茫所解構。的確，這個時期的郭沫若鍾情於寂然幽靜的暗夜、清新恬淡的夜空，它是詩人內宇宙的自我發現時期，他不斷在其中挖掘美、苦惱、困惑、失望、希望，尋找新的人生方向。

　　客觀上，這個時期的中國社會，雖然馬克思主義在中國日益廣泛傳播，1921 年 7 月 1 日又成立了中國共產黨，但新的革命運動總的來說還在醞釀和準備的階段。因此，一般的革命民主主義的小資產階級知識分子，包括對中

〔註12〕郭沫若：〈星空〉《郭沫若全集》文學編第 1 卷〔M〕，人民文學出版社，1982年，第 174 頁。

國現實有深切瞭解的新文學運動的旗手魯迅在內，由於一時未找到正確的革命道路，內心都感到「寂寞荒涼」，苦悶和徬徨。整個社會也在沉悶中尋找新的方向。因此，《星空》的時空形式，再一次隱喻了時代的社會精神。從早晨步入夜晚，從希望步入迷茫，並在自我的發現中重新尋找「星」的光亮。

二、時空與郭沫若詩歌美學

馬正平首先提出了時空觀在文學創作的學科歸屬——寫作美學，他認為文學創作中時空觀的美學層面體現，一是寫作的時間之美——節奏美，節奏原來是來自音樂的樂音的高下緩急，落實到具體寫作中，不同主體在不同寫作文化也即特有宇宙時空節奏統領下，並在自身特定心理節奏驅使下產生不同的敘述節奏，語言節奏。二是體現為寫作的空間之美——境界美，這裡的境界則指一種心靈狀態，一種自我體驗，自我超越後渴求無限空間的心靈狀態，並且分為思想境界，道德境界，審美境界等。落實到寫作中，則是主體的人格，心境達到最優化的心靈空間感，是一種理想的高遠空間的出現。其實，兩方面的體現都是為著一個更高的理想目標。即對於生命自由的無限追求，即我們寫作的終極理想和目標。〔註13〕

在郭沫若開始新詩寫作的年代，中國新詩繼胡適的《嘗試集》後有了一些發展，但大抵也脫離不了胡適之先生半文半白、半古代半現代的氣息。比如其時著名的新詩詩人康白情、沈尹默等等的創作，多還停留在「天上星多月不明，地上人多心不平」〔註14〕的格調中，其氣象和時空意識都是非常古典化的，而且骨子裡的舊式文人氣質，終究影響著他們新詩創作的自由度。正是在現代時空的意義上，我認為，郭沫若新詩創作達到的高度和自由度是同時代人無法超越的。

郭沫若早期詩歌的時間意識是非常獨特的。中國古典詩詞的時間意識多是「惟草木之零落兮，恐美人之遲暮」式的歎息或者「逝者如斯乎」的傷感。比如「流水落花春去也，天上人間」，比如「人生代代無窮已，江月年年只相似」等等等等。古典式的時間意識，在時光之易流失的反覆詠歎和對比中，形成了古典詩詞特別突出的審美特徵：節奏緩慢、氣息婉轉、沉鬱頓挫，反覆詠歎。即使號稱詩聖杜甫生平的第一首快詩的〈聞官軍收河南河北〉，情感

〔註13〕參見馬正平：《高等寫作思維訓練教程》〔M〕，中國人民大學出版社，2002年。

〔註14〕劉半農：〈一個小農家的暮〉《新青年》1921年第9卷4號。

的書寫也是遵循著特定的邏輯和軌跡。還有李白、蘇軾等為代表的豪放派詩人詞人，在詩詞的快節奏這一點上不同於同代人，但他們的節奏是可控制的、有禮有節的。

　　而郭沫若的新詩呢？在他抬手寫就的《女神》集裡的〈鳳凰涅槃〉、〈天狗〉、〈地球，我的母親〉等等大多數作品中，時間意識的爆發力和瞬間性十分突出。就是說，他的這些詩歌裡的時間意識是瞬間化的，所以你讀他的詩，感覺不到時間在流逝，而是一鼓作氣迸發出來。空間意識理論家則認為瞬間不能是真正的時間，而是空間。取消了時間順序即暫時終止了時間流程而截取了一個瞬間，在這個瞬間裡，多個線索被置放在一個相對的平面上。比如〈晨安〉一詩以「晨安」這個時間點來結構全篇，詩中每一句以「晨安」開頭，寫出了一個時間聚焦點上，詩人內心湧動的種種場景與想像。

> 晨安！常動不息的大海呀
> 晨安！明迷恍惚的旭光呀
> 晨安！詩一樣湧動的白雲呀
> ……
> 晨安！我年青的祖國呀
> 晨安！我新生的同胞呀
> ……〔註15〕

　　晨光初出這一瞬間被無數的場景轉換和想像空間化了：從天上到地上，從國內到國外，從人到景觀。沒有時間流逝的傷感，只有詩人豐沛的激情和空間想像。當然，一個時間點湧現出的眾多場景，時間的空間化，是詩人創作時心境的高遠和自由度的體現。只有當詩人在達到極致的自由狀態——即「極情」狀態時，詩歌的時間點才具有如此的爆發力。因此在詩歌裡面，必然伴隨著極快的節奏。《女神》詩集裡的詩歌節奏，特別是〈天狗〉，讀起來幾乎無法控制，完全是瞬間爆發出來的。以致於，很多習慣欣賞古典詩歌節奏美的人，完全無法接受這樣的詩歌節奏。但是，這難道不正是詩人特有的詩歌美學特徵——偏執之美嗎？同時，即使這些詩裡有時間流逝的因素在，比如〈女神之再生〉、〈鳳凰涅槃〉等等，但他強調的不是時間的流逝，而是涅槃、再生等新生的時間，強調破壞和再生的時間爆發力，是「死了的光明

〔註15〕郭沫若：〈晨安〉《郭沫若全集》文學編第 1 卷〔M〕，人民文學出版社，1982年，第 64 頁。

更生了，死了的宇宙更生了，死了的鳳凰更生了」。因此，郭沫若這些詩歌裡的時間意識，與其說是時間的流逝不如說是時間的自我創造、時間的新生——這形成了詩人早期詩歌新鮮、光明的審美格調。而新鮮、光明和偏執的美學風格，刷新了人們的詩歌感受力，使人真正擁有了一種「久在樊籠裡，忽得返自然」的自由境界。

空間意識更是郭沫若獨立於同時代人的標誌。他對空間場景的選擇和對空間之間關係的書寫都是令人耳目一新的。早期新詩詩人的空間概念大都還停留在小河、湖上、月下、山間具有古典氣質的場景之上。比如，胡適的《湖上》、周作人的〈小河〉、沈尹默的〈月夜〉等等。在書寫空間之間關係的時候，大部分早期新詩詩人都試圖建立其與對象之間和諧、親近、平等或者俯視的視角：

水上一個螢火，水裡一個螢火，平排著，輕輕地，打我們的船邊飛過，他們倆兒越飛越近，漸漸地並作了一個。〔註16〕

霜風呼呼的吹著，月光明明的照著，我和一株頂高的樹並排立著，卻沒有靠著。〔註17〕

還有劉半農寫〈鐵匠〉、〈小農家的暮〉、〈老木匠〉等等底層勞動人民的詩。這些詩歌的空間體驗是比較單一的，沒有較大的情緒波動。充分體現了早期詩人尚未從古典世界與現代世界的空間布局糾葛中走出來，呼應外部已經發生的急劇的空間變化。

真正較早地迅速敏感到外部空間的急劇變化，並在寫作中表現出來的現代作家，一個是魯迅，另一個就是郭沫若。但是，他們兩個的空間體驗也完全不同。魯迅的空間體驗是「鐵屋子」，這是一個極度壓抑的空間，是「絕無窗戶而萬難破毀的」，是基於對古老中國深刻現實感受基礎之上的。而郭沫若年少出國，尚未來得及領悟古老中國的現實困境，其時的他身上必然沒有魯迅式的對現實的深刻體察和負累，又加之在日本接觸到的新的科學文化知識和視野，對新的世界和空間多了一些浪漫的幻想。尤其是青年時期正當中國國內「新文化運動」的狂飆突進，敏感的詩人內心的自由感和生命感勃

〔註16〕 胡適：〈湖上〉《中國新詩總系》第 1 卷，人民文學出版社，2010 年，第 10 頁。

〔註17〕 沈尹默：〈月夜〉《中國新詩總系》第 1 卷，人民文學出版社，2010 年，第 17 頁。

發，因此，郭沫若早期的空間體驗是「宇宙」，是一切大的、高遠的表徵著自由之境界的空間：包括地球、太陽、日出、光海、星空、山頂，也包括大西洋、印度洋、太平洋、北冰洋為代表的世界和揚子江、黃河為代表的中國。雖然，這些囊括在宇宙中的大空間由於在詩中過於突兀顯得有些失衡和難以把握。

在對空間關係的處理上，郭沫若沒有早期詩人或親近或平等或俯視的距離觀照。他的自我就是一個小宇宙，所以和描寫的大宇宙幾乎完全是融為一體的。他可以讓自己躺在地球上，大聲呼喊：「地球，我的母親！」〔註18〕母親與兒子是融為一體的；也可以站在山頂、海邊，觀滄海看日出，體會宇宙脈搏的跳動，感受到「我的心臟呀，快要跳出口來了」〔註19〕的同呼吸共振動；還能在「雪朝」，看到「雪的波濤，一個銀白的宇宙！我全身心好像要化為了光明流去」〔註20〕。這是一種生命高遠和自由境界的象徵，人的創造狀態在到達巔峰時，空間之間的障礙消失，使得整個創作張揚出生命的博大和美好，呈現出一種高潔、神聖的美學境界。

人與時間、空間是密切相關的，人既創造了時空，又受到時空的制約。現代很多作家都有各自的時空形式和感受。比如蕭紅，她更關注個人的時空建構，與民族的大主題保持一定的距離。而郭沫若的時空既是個人的生存空間，也與時代大創造、大革命的主題融合在一起。他的詩歌主題、精神和美學特徵也是一個時代的主題、精神和美學特徵。聞一多說他是時代底「肖子」，二十世紀底時代精神，從這裡也可見一斑。

（作者單位：西南民族大學）

〔註18〕郭沫若：〈地球，我的母親〉《郭沫若全集》文學編第 1 卷〔M〕，人民文學出版社，1982 年，第 79 頁。

〔註19〕郭沫若：〈筆立山頭展望〉《郭沫若全集》文學編第 1 卷〔M〕，人民文學出版社，1982 年，第 68 頁。

〔註20〕郭沫若：〈雪朝〉《郭沫若全集》文學編第 1 卷〔M〕，人民文學出版社，1982 年，第 85 頁。

家庭敘事與郭沫若早期小說研究

顏同林

〔摘要〕郭沫若青年時期在日本留學十年，棄醫從文，其創作背景離不開清末民初的留日生活及其異域體驗。不論是與日籍妻子安娜的跨國涉外新式家庭組合，還是日本岡山、福岡等地的異域風情，都在其早期小說實踐中有深刻的精神遺留，作品彰顯了中國古典小說的現代轉型軌跡與症侯。文化衝突、歇斯迭里情緒對峙、殺子與受虐意識、處於困頓與歧視的異域家庭瑣事，既與中國傳統小說的敘事內涵、模式迥然不同，也與「五四」前後的新小說格調與特徵差異甚大。

〔關鍵詞〕家庭敘事、郭沫若早期小說、留日體驗、跨國涉外婚戀

　　作家如何積累、經營和利用可以創作的現實生活原材料，既關係到其寫作的傳承資源、價值取向和寫作模式，也與作家特定的人際圈、生存實感、特定心境等密切相關。「五四」時期以及後續數年之間，以留學生涯爲背景或素材的一批相當數量的現代早期小說，便暗暗吻合這樣的寫作格局。其中，留學日本多年、最早學醫後來改爲從文並有跨國涉外婚姻之實的郭沫若，便是其中典型的一位代表；獨特的家庭敘事與他的早期小說彼此依存，成爲我們解讀其創作與精神的一個最佳切入口。〔註 1〕

　　來自四川樂山殷實大家庭的郭沫若是 20 世紀初期留日學生大軍中的一員，雖然在出國之前，他在國內已由父母包辦婚姻和一個鄉下普通女子成婚，但是郭沫若並不滿意。爲了擺脫這段不如人意的婚姻，郭沫若藉口出川求學的理由而決然出走，隨後跨越浩淼的大洋，東渡扶桑留學竟至十年。在日留學期間，郭沫若主要在日本南部地區九州、福岡，度過了自身留學生涯的黃金時期，其中包括另組跨國涉外新式家庭。擱置家鄉元配妻室，他在日本與日籍看護婦佐藤富子（即安娜）自由戀愛，相繼由同居而結婚生子，組合出一個當時既流行又時尚的涉外新家庭。與這種新式家庭生活相伴隨的是這樣一種情形：郭沫若與醫學正業漸行漸遠，走上了賣稿從文、養家糊口的艱難道路，其家庭生活與文學創作也就有了豐富而錯亂的內在關聯。

　　與中國傳統的舊式家庭婚姻生活相比，這種煥然一新的跨國涉外家庭爲新文學作家郭沫若提供了什麼樣新穎而獨特的靈感與素材呢？郭沫若以自身家庭婚姻生活爲原型所創作出的自敘傳小說，又給當時的中國新文壇提供了什麼樣的新形態與可能呢？基於以上問題考慮，本文便從以下幾個方面一一進行論述：一、跨國涉外家庭的新形態如何形成，它在郭沫若人生道路與文學創作上的地位與價值如何評估。二、關注於家庭瑣碎與日常圖景，其現實材料又是如何進入小說創作領域，換言之，在紀實與虛構之間，現實生活與小說敘事如何建構張力。三、家庭敘事與郭沫若早期小說在社會學與文藝領域兩個方面的輕重之辨。

一

　　郭沫若正兒八經的文學創作生涯，正式起步於留學福地——日本，先是

〔註 1〕　具體文本大多數引自《郭沫若全集》文學編（第 9 卷），人民文學出版社，1985年版。

東京，後是岡山，再是福岡。「郭沫若在九州帝大留學期間，就是他從一個普通的醫學專業學生朝著文學家的道路邁進，並在九州這塊異國土地上逐漸變成一個知名文學家的極為重要的時期。」〔註2〕在職業轉換過程中，郭沫若先是新詩創作，後來則有小說、詩劇、評論等各文類的嘗試與收穫。與他鳳凰涅槃、天馬行空式的《女神》式新詩相比，其早期小說倒是充滿人間煙火味。拘泥於現實，以真實性見長的小說寫作理念，提供了貼近郭沫若留學生活的再現式審美場域，其社會學意義不容忽視。

眾所周知，郭沫若的早期小說，最為明顯的是帶有個人傳記的特點。涉及這一領域的許多研究者早就有此共識，比如在其創造社友人鄭伯奇看來，「他的小說可以分作兩類：一類是寄託古人或異域的事情來發抒自己的情感的，可稱寄託小說；一類是自己身邊的隨筆式的小說，就是身邊小說。在後一類中也有用第三人稱而比較客觀化的，像〈落葉〉，〈萬引〉，〈葉羅提之墓〉等，但依然是抒情的色彩很濃厚。」「其中的情趣尚有令人難以割捨的地方」以及「可以看出作者發展的足蹤」。〔註3〕「郭沫若的身邊小說，大都帶有自敘傳的色彩。有的徑直以『我』作主人公，有的以第三人稱，⋯⋯但他們都包含了作者的生活經歷、性格氣質和情感特徵，實際上就是作者的化身。」〔註4〕在郭沫若早期小說20餘篇中，「取材於郭沫若的在日留學生活的至少有15篇」，可稱之為「身邊小說家或私小說家」。〔註5〕這些說法都頗具說服力。既然如此，我們不妨接著梳理清楚郭沫若當時的人生經歷與婚姻生活：一方面，我們需要對郭沫若真實的家庭生活與細節進行深入的瞭解與還原，另一方面，我們又需要對反映真實生活的家庭敘事型小說進行全面把握，在紀實與虛構之間反覆出入、自由穿梭，才能在家庭敘事與郭沫若早期小說建立一座合理而穩固的橋梁。

郭沫若1892年11月出生於四川樂山一中等地主家庭，1912年正月元宵，虛歲20的郭沫若奉父母之命與舊式女子張瓊華草率結婚成家，當時郭沫

〔註2〕〔日〕岩佐昌暲編著，李傳坤譯：《中國現代文學與九州》，南京師範大學出版社，2010年版，第22頁。

〔註3〕鄭伯奇：〈中國新文學大系・小說三集・導言〉，《中國新文學大系・小說三集》，上海良友圖書印刷公司，1935年8月版。

〔註4〕卜慶華：〈論郭沫若小說創作的認識價值與審美價值〉，《湖南師範大學社會科學學報》，1998年第1期。

〔註5〕武繼平：《郭沫若留日十年（1914～1924）》，重慶出版社，2000年版，第267～268頁。

若還是四川省高等分設中學堂（後來合併到成都府中學）的新式學生。也許是命運的無情捉弄，心高氣傲的郭沫若心裡默想能娶到像三嫂一樣的新婦，但娶回來的並不是心儀的女子，「隔著麻布口袋買貓子，交訂要白的，拿回家去才是黑的。」〔註6〕面對如此既成事實，可能有人會選擇妥協，委曲求全，可能也有人會拼命抵抗，打破時勢。顯然，叛逆性格的郭沫若選擇了後者，他十分不滿意此椿婚姻，婚後幾天就義無返顧地從樂山速返成都校園，留給新婦張瓊華的是數天匆匆相聚，年年冷炕舊室。郭沫若與元配張瓊華幾乎沒有多少感情可言，雖然因顧及父母不願提及離婚，但事實上是遺棄張氏在家數十載，直至生命的盡頭。離家數年之間，郭沫若頂著已有妻室的名號，開始了近至天津、北京，遠至日本留學的漫長生涯，直至在異域自由戀愛結婚，重組跨國涉外新式小家庭。

因為家庭生活之於郭沫若早期小說關係重大，這裡還需對重組之新家詳加梳理。1914 年 1 月，郭沫若彙入當時留日大軍五六千乃至一萬左右的巨大潮流〔註7〕，抵達東京；1916 年 7 月，在日本福岡醫科大學留學的郭沫若，前往東京聖路加病院看望患肺病的朋友陳龍驥，並陪他轉到養生院醫治，次月陳氏病逝。郭沫若幫忙料理後事，曾去聖路加病院索取陳氏的遺物，與病院看護婦佐藤富子無意相遇，兩人相識便很快「相與認作兄妹」。佐藤富子時年22 歲，相貌端莊，眉宇之間有潔光，在兄弟姐妹八人中年齡居首。其父是一位篤信基督的牧師，本人在美國人的 Mission School（即傳道事業學校）畢業之後，也篤信基督，志願從事慈善事業，獨立生活能力強。富子性格樂觀開朗，處事果斷，因家庭重男輕女導致從小被疏離而敢於反抗，具有叛逆、善良、堅韌、執著的性格；平時樂於助人，還喜歡文學。〔註8〕可以說，在性格方面富子與郭沫若可謂平分秋色、惺惺相惜。據郭沫若回憶文字，自此之後兩人便是書信頻仍，並於同年年底正式同居，對鄰居先是以兄妹相稱，不久因佐藤富子懷孕而致她中斷剛開始的醫護學業，兩人共組新式涉外家庭。1917 年 12 月，兩人的長子和生出生；1920 年 3 月，次子博生出生；1923 年

〔註6〕 郭沫若：《少年時代》，《郭沫若全集》文學編（第 11 卷），人民文學出版社，1992 年版，第 279 頁。

〔註7〕 〔日〕實藤惠秀著，譚汝謙、林啓彦譯：《中國人留學日本史》（修訂譯本），北京大學出版社，2012 年版，第 71～72 頁。

〔註8〕 參見桑逢康：《郭沫若與他的三位夫人》，湖北人民出版社，2009 年版，第 27～52 頁。

1月，三子佛生出生。後來郭沫若與佐藤富子還育有第四女與第五子，只是這些與郭沫若早期小說沒有多大關係，這裡只重點涉及五口之家的郭沫若與佐藤富子新家庭，以及由此不斷生發的此類家庭敘事。特別值得補充的是，郭沫若與安娜的結合，均沒有得到社會的認可，外有中日兩個不同國家的對峙與歧視，內有雙方父母的反對與破門處分，形象地說，倒成為了一對「棄兒」組合。雖然郭家後來因孫子的出生而寬恕了他們，但堅持以妾來稱呼安娜，稱其子女為庶出。

　　站在中國傳統家庭文化的歷史流變來看，後來成為文壇巨擘的郭沫若，與日籍女子佐藤富子戀愛、成家、生兒育女，並非中國傳統社會普遍的現象，尤其是清末甲午戰爭以後，日本人普遍歧視中國人，以與中國人結婚為恥。因此，儘管在留日青年中，也有一些跨國婚戀的事實，但畢竟十分罕見，反映在文學創作中，則有了創新的內容與形式。不得不令人稱道的是，郭沫若與佐藤富子的婚姻經歷與生活諸側面，均被郭沫若的巨筆所捕捉，事無鉅細、毫不隱諱地被處理成為小說的材料。郭沫若早期小說中的框架結構、人物形象、故事情節、人物心理，都對應這段跨國婚姻所形成的異域經歷與體驗。另有一層意思也不得不提及，從 1917 年到 1923 年之間，這對家庭不斷增添家庭人口，經濟負荷越來越大，差不多是郭沫若擇業就業、賺錢養家的艱難時刻，也是郭沫若棄醫從文轉型的關鍵時期，包括創辦創造社刊物，出版新文學作品集。與郭沫若一手奮力開創文壇新局面的背後，則是佐藤富子作為主婦節衣縮食、懷孕生育、鼓勵丈夫寫作等操持家務的艱辛畫面。與國內傳統讀書人的家庭相比，或者和「五四」前後因自由戀愛結合的新式家庭相比，郭沫若與佐藤富子組合而成的跨國涉外家庭，陡然增添了不少新鮮的時代內容與主題：比如這樣的新式家庭之中，既存在不同語言與文化的隔膜，也有「異質文化」的差異與碰撞，經常處於互為「他者」的鏡象之中；新家庭組合既沒有雙方長輩幫忙照料家務之便，也失去了村鄰友朋的幫襯與扶持，幾乎都需兩人親歷親為。攤開一下家庭開支這本經濟賬，一家之中的經濟重擔幾乎落在兩人肩上，尤其是郭沫若的身上，先是每月三四十元的官費入不敷出成為常態，後是賣稿換錢經常接濟不上，壓得兩人喘不過氣來。由此導致的家庭衝突、矛盾此起彼伏，幾乎也是兩人獨自承受或暗自釋放，缺乏外部的緩衝與迂迴之可能。作為一對中日「棄兒」組合的跨國家庭，在郭沫若與佐藤富子面臨的家庭生活中，往往還一不小心便與時代、民

族、國家沾上邊來。它像一口不斷被參觀的水井，哪怕只投下一粒小石子，也會晃蕩出莫大的圈圈漣漪來。

就小說本身而論，因爲郭沫若的早期小說宗法日本的「私小說」，作家本人也是一個主觀性、情緒性極強的寫手，所以在家庭生活與小說文本之間幾乎可以相互參照，在其小說中沒有摻雜多少想像與虛構的成分，成爲一種散文式的紀錄性文字檔案。跨國涉外新家庭的男女主人公，以及三個兒子（因出生早晚，有時是一個兒子，有時是兩個兒子），成爲小說家庭敘事的基本成分，家庭生活的瑣屑、困頓，家庭成員的喜怒哀樂也詳細地記錄在冊。比如，男主人公「我」或「愛牟」之類，自述是從早年家庭包辦婚姻中逃出來的，可憐「住在我父母家中的和我做過一次結婚兒戲的女人」（〈漂流三部曲‧十字架〉），〈漂流三部曲‧歧路〉、〈月蝕〉、〈湖心亭〉諸篇也有類似披露；以日本人松野爲主人公偷書爲情節的〈萬引〉，以滬上青年王凱雲擔憂吃飯問題的〈陽春別〉，以哈君夫婦因諾兒之死而騙取國內夫家錢財的〈曼陀羅華〉之類，都是借物借人借事來言說自己，可謂借別人酒杯，澆自己胸口塊壘。——即使是寫中國留學生洪師武與日本姑娘菊子的愛情悲劇，由此衍生成篇的〈落葉〉，其主體內容是菊子的情書，「確實是以安娜給我的信爲底本的。安娜爲我作出了最大的犧牲。」〔註9〕以「愛牟」爲固定男主人公的小說，則他的身份是棄醫賣文的留日學生，都有類似身份與經歷；另一端對應的是其日本妻子「曉芙」，如〈殘春〉、《漂流三部曲》、〈行路難〉、〈紅瓜〉小說中均統一爲愛牟的女人「曉芙」；〈月蝕〉、〈人力以上〉小說中以「我的女人」出現；在〈萬引〉中是松野的妻子，〈鼠災〉中則是方平甫的妻子。她們雖然換了身份，但性格、個性與「曉芙」相似。又比如，涉及到幾個兒子的小說，則有〈鼠災〉、〈殘春〉、〈未央〉、〈月蝕〉、〈聖者〉、《漂流三部曲》、〈行路難〉、〈三詩人之死〉、〈紅瓜〉等，其敘事性偏於實錄，三個兒子分別是和生、博生、佛生，或是「和兒」、「博兒」、「佛兒」等名號相稱。以家庭原有人員爲小說人物，以家庭內部的日常瑣屑和凡俗事物爲中心，成爲郭沫若早期小說家庭敘事的絕對主體。一件被老鼠咬壞的衣服，小孩的一次頑劣之舉，或者言及租貸生涯的一次次搬家，夫婦之間的一次口角、爭執，屢屢想到自殺或他殺的情緒，諸如此類，都會成爲主要情節衍生的緣起或骨幹成分。在

〔註9〕郭沫若 1960 年 8 月 18 日給陳明遠的信，引自黃淳浩編《郭沫若書信集》（下），中國社會科學出版社，1992 年版，第 111 頁。

這一批小說中，日常敘事可以連成種種片斷，建立一個有時間與空間的生存實感的照相式畫面。時間維度上，比較典型的是家庭組合的過程，兒子不斷出生的煩惱，離家與相聚的悲歡；在空間上，則涉及日本的福岡、東京，以及因參與文學事宜往返日本、上海等地的私生活經歷。

清楚以上背景之後，我們再來回看男女主人公的性格、氣質，以及處理家庭事務、矛盾的諸種方式。結合人物評傳，以及小說文本，大體可以看出兩人的性格諸方面的特徵。與郭沫若在《女神》書寫中不食人間煙火不同，其早期小說中頻繁地反映出在家庭內部不穩定情緒的爆發，歇斯底里式的發作十分顯豁，雖然從其主要方面來說，家庭大體是和睦而平靜的。這種對峙性的「歇斯底里」性格，從〈殘春〉、〈鼠災〉開始，一直到《漂流三部曲》、《水平線下》各集，都有或深或淺的痕跡。在〈鼠災〉小說中，方平甫的日籍妻子性格是 semihysteria，即「半歇斯底里」，她會爲一些小事冒火，鬧得一房間的空氣如像炭坑裡的火氣一樣。一系列小說的男主人公「愛牟」，也是處於易煩燥、易衝動、易置氣的性格之中。「這是他的一種怪癖。他每逢在外面受著不愉快的感情回來的時候，他狂亂的怒火總要把自己的妻子當成仇人，自己磨牙吮血地在他們身上淩虐。但待到骨肉狼籍了，他的報仇的欲望稍稍得了滿足時，他的腦筋會漸漸清醒過來，而他在這時候每每要現出一個極端的飛躍：便是他要從極端的憎恨一躍而爲極端的愛憐。」（〈行路難·上篇〉）在夫婦兩人封閉式的矛盾衝突最爲厲害的時候，會出現更爲極端的情緒，是兩種「歇斯底里」性格的碰撞與交鋒。當然，情緒「軟著陸」的時候居多，一旦男主人公處於歇斯底里的衝動之時，愛牟妻子反而退讓的占多數。夫妻兩人的此類性格並不時時發作，也並不在同一時間迸發而處於失控狀態，所以即使對妻子進行虐待、苛責，甚至不惜貼上「女工兼娼妓」毒罵的標籤，愛牟的日籍妻子以柔韌、溫和相應對，緩衝了家庭內部情緒的爆發與升級。妻子性格剛烈，果斷、有軟有硬，經典地報之以「等於零的人」、「零小數點以下的人」進行斥責。就這樣，跨外婚戀組合的夫婦，儘管都是歇斯底里或半歇斯底里的性格，但相生相剋，既維持了家庭的大體穩定，也推動了象生活流一樣的故事情節的發生與起伏。「『歇斯迭里』這種病，在從前以爲是女子的專病，但在歐戰當時發生了所謂『戰壕病』，是對於戰爭的恐怖使人的精神生出異狀，才知道男子也有得這種病的可能。……文人，在我看來，多少是有些『歇斯迭里』的患者。古人愛說『文人相稱』或『文人無行』，或甚至

說『一為文人便不足觀』。這對於文人雖然不免作了過低的評價，但事實上多少也有些那樣的情形。尤其在整個民族受著高壓的時候，文人的較為敏銳的神經是要加倍感覺著痛苦的。許多不愉快的事情遇在心裡說不了來，就像一個煙囪塞滿了煙煤，滿肚皮氧化不化的殘火在那兒薰蒸，當然是要弄得彼此都不愉快的。」〔註10〕「抓住了『歇斯迭里』，也就找到了進入郭沫若『五四』前後文學創作的窗口。」歇斯迭里「究其病理學的原始意義而言，卻不過是對一種躁動性格的描述，它多發生於具有敏銳的感受能力之人，又與外部世界的壓力有關。……值得注意的是，剛剛獨立踏上人生、學過醫又選擇了文學的郭沫若就是對這樣的性格氣質產生了高度的認同。」〔註11〕不論是作者自評，還是學者的歸納，都很準確到位。

二

問題是，在郭沫若早期小說中男女主人公「歇斯底里」的性格，夫妻之間容易置氣「冒煙」、對抗的情緒，有沒有受哺於新式家庭的誘發和管控呢？無疑，答案是肯定的。

郭沫若早期小說以自己的跨國婚姻組合與現狀為材料，擬構了「愛牟」夫婦家庭，這種書寫新式小家庭婚戀自由、個性解放的家庭敘事，實在是有別於傳統家庭的全新另類「小家體驗」。在中國傳統小說發展史上，「才子佳人」小說雖然也涉及建立家庭婚姻的敘事，但結局落在世宦書香家庭之內。小說作者將主人公，特別是女主人公的出身家庭設計得顯赫而體面，寫這些家庭中的兒女私情，離不開家庭的庇護。「才子佳人」小說的思想沒有超過封建禮教所圈定的範圍，男女主人公私訂終身，僅僅是對「父母之命、媒妁之言」包辦婚姻制度的有限反抗而已；此類小說也寫家庭生活，但扣準的是愛情婚姻的喜劇色彩，瑣碎婚姻生活無暇顧及。傳統小說史上另有一支則是封建大家族敘事，成為明清小說發展史上一種新的形態。比如《金瓶梅》，便是以一個市儈家庭為中心全方位展開世俗生活描寫；《紅樓夢》則以一個貴族家庭為主，涉及家庭生活的方方面面，其中也有較多的愛情書寫，但因寄生在腐朽的封建宗法社會內部，青年男女離不開大家庭的滋養，其矛盾衝突在大

〔註10〕郭沫若：《創造十年》，《郭沫若全集》文學編（第12卷），人民文學出版社，1992年版，第191～192頁。

〔註11〕李怡：〈「歇斯迭里」的文學史意義——郭沫若的自我定位與我們對郭沫若的定位〉，《鄭州大學學報》（哲社版）2008年第3期。

家族內部流轉、消化，婚姻生活中的個體，其生存意志得不到充分生長，也缺乏相應的社會環境。在清末民初，由近代小說而現代小說，小說發展得到了長遠的進步，小說的題材、藝術手法不斷刷新，創新的風氣越來越濃鬱。以家庭敘事內容而言，批判舊式婚姻制度，追求個性解放與婚姻自由頗為流行，家族敘事開始由傳統大家族向新式小家庭轉變。冰心、凌叔華等女性作家的新式家庭敘事小說，堪稱代表；留學國外的作家中，郁達夫的小說專注於知識青年在婚戀問題上的內心苦悶，舉起了浪漫抒情小說的旗幟。總體而言，這批新式小說家，也涉筆於家庭、留學生婚戀，但聚焦於跨國婚戀家庭書寫的部分十分薄弱，也不具有鮮明的特色。在這樣的小說流變中，我們認為郭沫若在自身婚戀事實基礎上所進行的小說創作，特別具有創新的意義和價值。

郭沫若與日籍妻子安娜的婚戀事實，構成了民國之初嶄新的一種家庭形態，是一種簇新而炫目的社會存在。他們離棄了中日兩個成員眾多的傳統大家庭的支撐，經跨國涉外婚戀而組織的小家庭，便沒有了堅實的後援，主內與主外都完全依賴男女雙方兩人的經營與管控。首先，一旦發生家庭內部的衝突、矛盾，便容易到達頂峰，沒有外在的緩衝空間。家庭內部矛盾尋不到可以發泄、突圍的外部渠道，不會朝外釋放對峙的情緒，主要在家庭內部特別是在男女主人公心身上回流、分散。因此，雙方遷怒於對方時，只有一方開始妥協，或者保持沉默，或者擱置爭議，才能保持在可控狀態。其次，因為家庭的經濟支柱是愛牟一人獨攬，經濟壓力幾乎繫在愛牟身上，因而他的歇斯底里發作頻繁得多。在小說中男主人公遷怒於妻兒的十分常見，尤其是對兒子的發泄顯得不通人情，比如視之為累贅、枷鎖，幻想借妻子的手殺掉或同歸於盡之類。再次，如果在家庭內部惡劣情緒得不到有效釋放，便會幻想出現第三者，從中幫助主人公得以解脫，這一角色在小說中主要由青年異性來承擔。這三種方式，或者是單獨運行，或者是交叉進行，均有可供辨析的紋理。

先來描述第一種類型，即遷怒於妻子方面的敘事。在〈鼠災〉一文中，男女主人公是方平甫夫妻，方平甫為中國留學生，妻是日本牧師的女兒，四年前自由結婚，帶來的後果是「平甫的家族朋友們棄了平甫，他女人的家族朋友們也棄了他女人」。平甫妻子是「男性的，大陸的，女丈夫的」，不會太軟弱。平甫的遷怒，便沒有掛在嘴邊而是移置到內心深處，憎恨、鄙夷、虐

殺妻子的心理活動甚多。〈殘春〉、〈萬引〉、〈喀爾美蘿姑娘〉等小說中女主人公性格，與平甫女人相仿。另一方面，因為愛牟性格是欺硬不欺軟，如果妻子妥協、退讓，便會消泯掉愛牟歇斯底里的衝動。當然，愛牟也會卑己自牧，哪怕是有意或無意地中傷妻子，傷了家庭的和睦和安寧，也會在短暫的沉默或暴怒出走之後得到釋放。〈月蝕〉、《漂流三部曲》小說中還有一個背景情節，即有四川家鄉 C 城的醫院以重金相聘，愛牟既出於保全年邁父母的考慮，也重點顧及到與日籍妻子家室的安全，不得不予以放棄，寫出了一種孝心與責任。所以，儘管愛牟愛生脾氣，歇斯底里比較顯著，但家庭的穩定與平衡仍然是雨後見彩虹。

其次，家庭敘事牽涉到小孩。愛牟夫婦小孩多，沒有幫手幫襯，影響自己賣文糊口的營生，沒有心思和精力做小說、搞創作，有時便有消極的思想，不但自己想自殺，也想與家人一起自沒於人世，少卻人間的大小煩惱。比如兩個小兒出生的煩燥與壓力，嬰兒啼饑，主婦營養不良，搞得自己身心俱疲，如墜黑暗的深淵。「天天如是，晚晚如是，有時又要聽他小的一個嬰兒啼饑的聲音，本來便是神經變了質的愛牟，因為睡眠不足，弄得頭更昏，眼更花，耳更鳴起來。」（〈未央〉）「你們使我在上海受死了氣，又來日本受氣！我沒有你們，不是東倒西歪隨處都可以過活的嗎？我便餓死凍死也不會跑到日本來！啊啊！你們這些腳鐐手銬！你們這些腳鐐手銬！你們足足把我鎖死了！」（〈行路難・上篇〉）「譬如背著小兒燒著火，叫你一面去寫小說，你除非是遍體有孫悟空的毫毛，恐怕怎麼也不能把身子分掉罷？你哪有感興會來？哪有思想會磅礴呢？（〈行路難・下篇〉……在家庭敘事中對兒子的情緒發洩，便是高興起來便高興，不高興起來便視之為累贅、枷鎖，有幾處想借妻子的手把兒子們殺了，或者自己殺了三個兒子後，夫妻抱著跳進博多灣自盡。按人倫之常而言，幾個兒子均是愛牟夫婦愛情的結晶，也是維持二人的重要紐帶，以這樣極端的話來表述，顯然是性格缺陷造成的。在小說〈殘春〉中，作者淡化情節，著重於人物微妙的心理活動：它主要敘述愛牟和白羊君去病院探望老同學賀君，在醫院與看護婦 S 姑娘相遇，暗生愛意。愛牟夜裡做了一個與 S 姑娘私會的一個美夢，即在筆立山頭相會，準備叩診 S 姑娘裸露胸部的肺尖。正在纏綿之際，白羊君奔來說他的兒子被妻殺害了，愛牟狂奔回家，果然兩個兒子倒在血泊中，妻子已呈瘋癲狀態，愛牟也幾乎如此，後來狂怒之下也一併倒在妻子投來的血淋淋的短刀之下。這一小說一方面說

明夫婦平時居家有此話題，另一方面說明妻兒已成爲阻力，以潛意識的方式暗示愛牟的棄重心思。

再次，作爲自由戀愛組合的新式家庭，仍然掩蔽不了對第三者的追求，「殘春體驗」仍然存在。在家庭敘事中，從女主人公而言，除了妻子這一個家庭主婦之外，若干篇什中總有情人形象的出現。小說中愛牟妻子「曉芙」並不太曉風情，衣食的勞累，孩子的照管，使她無暇分心，這樣使愛牟生出一種尋找替代物的「殘春」心理，即對家庭主婦的不滿之餘，需要借助第三者插足來緩解，這種「出軌」敘述，如〈殘春〉中護士 S 姑娘，〈喀爾美蘿姑娘〉裡沒有名字的賣糖食的美麗姑娘便是。

以上三個方面的背後，則脫離不了以經濟敘事作爲總的核心環節，經濟困窘、捉襟見肘的舉動不絕於縷，油鹽柴米之不易，讓人格外唏噓不已。〈萬引〉、《漂流三部曲》、〈人力以上〉、〈紅瓜〉、〈未央〉、〈後悔〉中的經濟因素之細節最爲典型。如一家三口官費入不敷出，一件當家衣服被老鼠咬破，差不多釀成夫妻生疏之災（〈鼠災〉）；蟄居上海賣文爲生的艱難，一家五口如居監獄，全家去一次公園都是奢望，本計劃一家乘船出吳淞口到海邊去看月蝕，因無力支付船票改爲去公園（〈月蝕〉）；在上海大都市年節時分，愛牟買二角錢的花炮供家人自娛，卻招來給小兒傷身之禍，妻兒生活十分簡陋，簡直在乞丐以下，連自殺也不知想過多少回了（〈聖者〉）；在日本得到大學文憑後回上海的青年王凱雲，舉目無親，找不到工作，每晚在滬寧車站過夜，導致吃銅板五枚的陽春麵都吃不起了（〈陽春別〉）。比較典型的還有〈矛盾的統一〉，小說寫的是這樣一個故事：上海牙醫奇貴，妻子一口蟲牙，因沒錢醫治，不得不獨自強忍著。正月初三蟄居上海時，妻子害牙痛病躺在破爛的閣樓上。破爛之家室，來一個外人都沒有坐的空間，本不想有人來訪，偏偏有朋友 T 君和 G 君兩家人來，「我」極不想他們看到這慘不忍睹的一幕，幸虧從美國才來的 G 君的夫人因不想脫鞋而作罷（日本的風俗是上樓要脫高跟鞋，而按照西洋風俗脫鞋是有傷風雅的），這樣我也保全了顏面。「萬一她們果然上了樓，看見了我那和豬狗窩一樣的樓房，和叫化子一樣的妻子，她們假使要動憐憫，那是傷了我的尊嚴；假使不動憐憫，那不是傷了她們的尊嚴嗎？」

郭沫若早期小說的價值，最大的一點在於眞實與坦誠。由於賣文爲生的不易，與窮困、艱辛、歧視、潦倒結下了長期的不解之緣，作者爲了一家人起碼的溫飽，不得不拼命寫作。文思不通之時，往往也是家庭矛盾衝突之

時。每日記掛在心頭的，不是東挪西借，便是不停地變換住處，不停地乞食。雖然有時能得到一筆小小的稿費收入，但因爲收入不固定，僅僅只是一時一地的窮開心而已。——這樣的經濟狀態與人生性格，相互扭結在一起，造就並放大了涉外小家庭生活的矛盾與衝突諸方面，也就最爲自然與可以理解的了。

三

跨國涉外家庭因爲「跨國」、「涉外」，自然並不全部在家庭內部兒女私情、個人悲苦方面下筆，而是跨越了不同的國度，其中既有民族情緒的發酵，也有國家意識、種族意識層面道義防守的關鍵問題。可以反思的是，郭沫若早期小說，如果只是一味地敘述一己之私，就沒有多少可供咀嚼的文學史價值。之所以這批早期小說能不斷讓後人研究與重視，是因爲除了郭沫若這個標籤之外，小說本身具有這一可供精神提升的宏大敘事之可能。

眾所周知，留學生最早源自赴美、赴歐，東渡日本留學則是戊戌變法前後之事。在新文學的開端，留學日本的中國青年，作爲弱國子民在強敵面前所遭受的刺激與屈辱，帶有意味深長的特殊性質。比如民族壓迫、歧視，像在日本稱中國留學生爲「支那人」一樣，除了可以作爲滿肚子的不滿與牢騷之理由外，還可以依附在民族、國家的外殼上，充滿無限的附加值。留學青年異國生活的背後，是作爲中國人的先覺者在異國他鄉特殊的體驗與生存，摻雜著現代知識分子的民族覺醒與愛國個性。譬如民族意識的萌發，個性意識的萌發，現代意識的滋長便是。後來的新文學史書寫，在反帝反封建的母題下加以提純，便是這一思想的合法性延伸。舉一個例子，郭沫若在小說〈行路難〉中，愛牟與曉芙夫婦帶著孩子經常搬家，經常因拖欠房租等被房東驅趕，其中有一個細節，即他去唐津海岸上租房，大受個人之外的刺激：

> 男子走近玄關來了，主婦便介紹了一番。男子的比獵犬還要獰猛的眼睛，把他身上打量了一遍。
>
> ——「唔，貴國呢？是上海？還是朝鮮？」
>
> ——「哦，這位豪傑把我看穿了。丟臉大吉！丟臉大吉！好！」愛牟在心裡懊惱著。
>
> ——「我是中國留學生。」
>
> ——「哦，支那人嗎？」主婦的口中平地發出了一聲驚雷。

......

「支那人喲，支那人喲，飄泊著的支那人喲，你在四處找房子
住嗎？這兒你是找不出的！在這樣的暑熱的天氣你找甚麼房子呢？
我們都到海邊上避暑來了，我們的房子是狗在替我們守著呢！」

......

「日本人喲！日本人喲！你忘恩負義的日本人喲！我們中國究
竟何負於你們，你們要這樣把我們輕視？你們單是在說這『支那人』
三個字的時候便已經表示盡了你們極端的惡意。你們說『支』字的
時候故意要把鼻頭皺起來，你們說『那』字的時候要把鼻音拉作一
個長頓。

民族屈辱這樣經常被提及、喚醒了異國學子的民族抗爭，自然成爲那一
代人揮之不去的民族情結。這種民族情感並不總是外在的，有時也需要在家
庭內部進行回旋與調節，因爲它來自跨國婚戀這一新式家庭。在《未央》中，
寫到了一個情節，即愛牟的兒子「一出門去便要受鄰近兒童的欺侮，罵他是
『中國佬』，要拿棍棒或石塊來打他」，使他幼小的心靈受到傷害。在〈三詩
人之死〉中，「孩子們沒有夥伴，出外去的時候，因爲國度不同，每每受到鄰
近漁家的兒童們欺侮。坐在家裡，時常聽見他們在外面的哭聲，或則流淚回
來」。事隔多年，郭沫若在回憶錄《創造十年》中，這種難以釋懷的委屈之感
仍歷歷在目：「原來在那一九一八年的五月，日本留學界爲反對『中日軍事協
約』，曾經鬧過一次很劇烈的全體罷課的風潮。在那次風潮中還有一個副產
物，便是有一部分極熱心愛國的人組織了一個誅漢奸會。凡是有日本老婆的
人都被認爲漢奸，先給他們一個警告，叫他們立地離婚，不然便要用武力對
待。這個運動在當時異常猛烈，住在東京的有日本老婆的人因而離了婚的很
不少。不幸我那時和安娜已經同居了一年有半，我們的第一個兒子和夫產後
已經五個月了。更不幸我生來本沒有做英雄的資格，沒有吳起那樣殺妻求將
的本領，我不消說也就被歸在『漢奸』之列了。」〔註 12〕與「我們在日本留
學，讀的是西洋書，受的是東洋氣」〔註 13〕不同，具體到郭沫若這個跨國涉
外小家庭之中，還增添了這個特殊家庭的遭遇：小到家裡小孩所受到的身心

〔註12〕郭沫若：《創造十年》，《郭沫若全集》文學編（第 12 卷），人民文學出版社，
1992 年版，第 39～40 頁。

〔註13〕郭沫若：《三葉集》，《郭沫若全集》文學篇（第 15 卷），人民文學出版社，1990
年版，第 140 頁。

傷害，大到夫妻兩人在日本所受的屈辱與不平，全都與國籍、民族、種族有或深或淺的聯繫。

結　語

　　郭沫若早期小說，低於新詩的成就，主要是從藝術性上進行評價。權威的意見是整體上比較粗疏，寫得比較隨意，結構散漫，「由於沒有條件進行從容的藝術構思，郭沫若常常抓住一時的感受，就鋪衍成篇。他缺乏對原始材料的精心剪裁，作品中可刪削的東西不少。他的文思粗疏浮躁，作品中令人回味的餘地不多。」〔註14〕

　　可以追問的是，儘管郭沫若早期小說藝術很粗疏，但是為什麼還有一種魔力牽引讀者去閱讀呢？在我們看來，其社會學意義的凸現，可以掩蔽藝術構思的短處，至於跨國婚戀家庭生活中苦樂摻半的「情趣」，當年鄭伯奇沒有點明說透，則到了大力加以補充與闡釋的時候！

（作者單位：貴州師範大學）

〔註14〕劉納：〈談郭沫若的小說創作〉，《中國現代文學研究叢刊》1983 年第 4 期。

論郭沫若對聞一多的
政治評價和學術論定

劉殿祥

〔摘要〕郭沫若和聞一多均為中國現代著名詩人、傑出的學者和民主鬥士，相似的文化人生經歷包括共同的留學經歷表徵出他們的志同道合，構成了精神對話的基礎。聞一多在 20 年代站在時代的高度對郭沫若的《女神》進行了精到的評價，郭沫若在 40 年代同樣從時代的角度對聞一多的政治鬥爭精神和學術研究貢獻進行了精準的論定。本文主要評述郭沫若對聞一多政治和學術的評價和論定，從中可見郭沫若和聞一多共同的思想和文化精神，而這種共同的思想和文化精神無疑與郭沫若的留學日本和聞一多的留學美國的背景分不開的。

〔關鍵詞〕郭沫若、聞一多、留學背景、政治評價、學術精神

聞一多和郭沫若有著相同和相似的現實人生和文化人生經歷，特別是共同的留學背景構成了他們互相評價的文化思想基礎。聞一多對郭沫若的評說集中在郭沫若前期的詩歌創作方面，此時正是郭沫若留學日本和聞一多留學美國時期，而郭沫若對聞一多的評說則集中在聞一多犧牲後的民主鬥爭業績和學術研究的貢獻方面。郭沫若對聞一多的認知、評價和論定，主要集中在〈悼聞一多〉和開明版〈聞一多全集・序〉這兩篇文章中。本文基於郭沫若和聞一多共同的留學背景，主要對郭沫若的評價聞一多略做評述，我們藉此可以把握郭沫若眼中的聞一多。

一

聞一多犧牲後，郭沫若是文化界最早做出反應的文化人之一，從最初的政治評價一直到學術論定，體現了郭沫若對聞一多的「知人之論」。

1946 年 7 月 15 日，聞一多被國民黨特務槍殺於昆明，震驚了全社會。聞一多犧牲兩天後，即 7 月 17 日郭沫若就撰寫了紀念文章〈悼聞一多〉，發表於 7 月 20 日的《民主周刊》第 40 期。能夠這樣迅速地甚至是即時地做出反映並寫出悼念文章，這本身就說明了郭沫若對聞一多的關注，我們姑且不論當時的政治需求，就兩人關係而言，完全可以看出郭沫若之於聞一多的深厚情意。隨後幾天內，郭沫若參與了多項悼念聞一多和抗議國民黨政府的活動，7 月 19 日郭沫若和茅盾、洪深、葉聖陶、周建人、許廣平、鄭振鐸、田漢、胡愈之、曹靖華、巴金致電聯合國人權委員會，揭露國民黨特務的暴行，請求派遣調查團來中國。7 月 25 日《解放日報》發表了郭沫若的〈致電哥倫比亞大學請派人調查聞李案〉。7 月 21 日郭沫若參加了中華全國文藝協會總會為李聞慘案在上海召開的臨時大會並在大會上發言，讚揚了聞一多的民主鬥爭精神。本月郭沫若特做詩《中國人的母親》，擬聞一多夫人的口吻而控訴了反動派，「我失了魂，／太陽失了光，／我的先生死了，／我的兒子受了傷。」「誰是這罪惡的兇手？／東方的無恥暴徒，／西方的無聲手槍。」「西方有民主嗎？誰講！／東方有和平嗎？荒唐！」「多少的兒女不死於國戰，／而死於暗殺，／縲絏，／死於內在的疆場。」「我是中國人，／我是中國人的母親，／我要反抗，／我要反抗，我要反抗！」「我揩乾了眼淚，要驅除那萬惡的豺狼！」這首詩角度獨特，情感強烈，對反動當局進行了適時的揭露，表達了一個中國母親的悲憤，這也正是當時聞一多夫人高真的真實思想和心理，也

是千萬個失去丈夫和兒子的母親的心，郭沫若在此借聞一多夫人之口進行了傳達。緊接著在 8 月 13 日，郭沫若為李聞二烈士紀念委員會編輯出版的《人民英烈李公樸聞一多先生遇刺紀實》作序並題寫了書名。10 月 4 日，郭沫若在上海參加了五千人的李聞追悼大會，並祭之以文，在會上做了講演，據 10 月 6 日《新華日報》記載，郭沫若在講演中指出，作為詩人、學者、名教授的聞一多竟然被殺，「這是時代的悲劇！兩先生的死是時代悲劇誕生的信號。」「這是光明與黑暗的鬥爭，這是公正與自私的鬥爭，這是人民要做主人和做奴隸的鬥爭！但光明和勝利最後必將勝利。」「李聞兩先生雖然死了，但他們的生命必將永生！因為真金不怕火，他們才是真金子呀！我們今天來追悼他們應該效法他們，效法他們以殉道者的精神為人民服務，使人民享受到和平民主的幸福。今天我們中國還在作著大規模的內戰，在戰線上每天要死去千千萬萬的人民，我們應該同時為這些死難的同胞哀悼。這樣自相殘殺的事情應該立即停止。中國人民的需要和平再沒有比今天這樣迫切了。我們應該立即停止內戰，恢復和平，就像今天由各黨各派共同來追悼李聞二先生的一樣。」〔註 1〕這雖然是當時報紙的記錄報導稿，未必確切；這雖然是悼詞之類的應景文章；這雖然更多郭沫若借題發揮，主要針對內戰形勢的，但這是郭沫若直接紀念聞一多的言論，從中可以見出郭沫若對聞一多的讚揚，是特別強調了聞一多的民主鬥爭精神和犧牲的偉大意義。

可以對照的是，當年聞一多評論郭沫若的《女神》認為表現了 20 世紀的時代精神，而現在郭沫若悼念聞一多仍然著眼於時代，認為聞一多的死是一個時代的悲劇！他們都是時代之子，但郭沫若憧憬過的和聞一多所激賞的 20 世紀的時代精神，在 40 年代的聞一多身上居然成為巨大的時代悲劇，這本身就是一個大悲劇，不僅僅是聞一多和郭沫若的悲劇，而是整個中國的悲劇，說明了即使經過五四新文化運動，中國仍然籠罩在黑暗之中，新文化運動的時代精神仍然是理想而已。思想的奮鬥還不足以改變腐化落後的中國，還要犧牲了生命來實現新文化運動的理想和捍衛五四運動的歷史法則。這樣的時代悲劇在 20 世紀的中國不斷地上演，而且是不斷地重複上演，而作為時代之子的中國現代知識分子如郭沫若和聞一多以及死去的活著的知識分子往往成為悲劇的主角。郭沫若發表演說的這次追悼會把紀念聞一多推向了高潮。10

〔註 1〕 1946 年 10 月 6 日《新華日報》，見《回憶紀念聞一多》，趙慧編，武漢出版社，1999 年。

月 6 日，郭沫若和周恩來等千餘人，在上海靜安寺公祭了李公樸和聞一多。我們可以揣想，紀念聞一多的這一段，郭沫若的思想和精神無疑是沉浸在聞一多被害事件和聞一多的精神世界裡，直到一年後的 1947 年，在紀念聞一多殉難一週年時，郭沫若繼續做出了紀念聞一多的行動，6 月 28 日，郭沫若作詩〈聞一多萬歲〉，高度讚揚聞一多「是中國人民的極優秀的兒子」，「是一位健全的種子」，並堅信未來會產生「無數活的聞一多。」這首詩發表於 1947 年 7 月 20 日《人間世》第 5 期，可見郭沫若對聞一多的懷念和歌頌之情。如果說聞一多剛犧牲時他主要是從政治的角度進行紀念，那麼一年後他已經有較充裕的時間瞭解聞一多政治業績之外的文化業績了，這個時候郭沫若仔細閱讀過聞一多的學術論著，寫作了〈聞一多的治學精神〉，發表於 1947 年 8 月 15 日《駱駝文叢》第 1 卷第 1 期，指出聞一多無論在做人還是做學問方面的態度，都給我們樹立了一個很好的模範，在文中，郭沫若表示尤其佩服「他那實事求是的精神的徹底，工夫的深厚，考證的精確，見聞的超拔。」還有作於 8 月 7 日的〈論聞一多做學問的態度〉，是應《大學月刊》主編夏康農之約而寫作的，發表於 1947 年 8 月 20 日《大學月刊》第 6 卷第 3、4 期合刊。到 1948 年開明書店出版《聞一多全集》時，郭沫若的論述聞一多治學精神的文章成為了全集的序言而收入了全集。〔註2〕1950 年代，郭沫若一度致力於《管子》的集校工作中，於 1956 年由科學出版社出版了《管子集校》，這是郭沫若繼續了聞一多未完成的學術整理工作，在聞一多和許維遹對《管子》整理的基礎上而完成的一部古籍整理的巨著，應該說這是郭沫若和聞一多及許維遹合作的成果，是郭沫若對聞一多最好的紀念了。

二

當一個人對另一個人進行肯定性評價時，一般而言他們有著共同的思想基礎、情感態度、行為方式和價值取向即有志同道合、心心相印的地方，而且其評價基本上取的是讚賞的角度。假如志不同道不合，可能根本就不會關注和關心對方，即使談到對方也當是批判的和否定的。正如當年聞一多的關注和關心郭沫若而評價其《女神》一樣，郭沫若在聞一多犧牲後就迅速作出反應、寫出悼念文章，我以為不僅僅是當時出於政治的需要而作出的簡單的政治性表態，實際上包含了郭沫若發自內心的真誠的悼念之情。因為他和聞

〔註 2〕參見龔繼民、方仁念：《郭沫若年譜》，天津人民出版社，1992 年，第 668 頁。

一多有著太多的相同的地方，特別是正在這個時候，他們的理想和鬥爭目標完全是相同的，都在進行著不屈的反對國民黨專制統治的民主鬥爭，在這鬥爭的途中，郭沫若在重慶較場口流血但未犧牲，而聞一多卻在昆明西倉坡流血而犧牲了。我們可以想見郭沫若獲知聞一多殞命的消息，他該如何地感同身受、情不能抑制了。

在〈悼聞一多〉〔註3〕這篇文章中，郭沫若就自認，聞一多所走的路，「不期然地和我有些類似。」這並非郭沫若的夫子自道，他們確實是走過了幾乎相同的人生道路，經過詩人時期，經過學者時期，現在共同爲民主自由而奮鬥時，年小於郭沫若的聞一多過早地離開了，這不能不令郭沫若傷感。在文章中郭沫若深情地回憶了和聞一多的交往並對聞一多做了簡要的評價，表達了自己的痛惜之情。他說：「誰都知道，一多先生出身於清華大學，是受了美國式的教育的。當他在美國留學的期間，曾經寫過很多有規律的新詩，他的成就遠超過徐志摩的成就。他雖然和創造社發生過關係，他的詩集《紅燭》是由我介紹曾由泰東書局出版，但他從不曾有過左傾的嫌疑。回國以後一直從事於大學教育，詩雖然不再寫了，而關於卜辭金文及先秦文獻的研究成了海內有數的專家。他所走的路，不期然地和我有些類似，但我們相見，平生卻只有兩回。一回是在抗戰初期的漢口，一回是在去年 7 月我赴蘇聯時所路過的昆明。沒想出昆明一別便成了永別了。……（在學術研究上）他還有很多的腹稿待寫，然而今天卻是永遠遺失了。這是多麼嚴重的損失呀！」正因爲他們有如此還可以說是深厚的交情，首先從感情上郭沫若對聞一多的死就接受不了，而何況學術文化事業上的重大損失，所以對國民黨特務的暴行和國民黨當局的用心，更令他無比地憤怒。所以，郭沫若憤怒地揭露和譴責了當局卑劣無恥的政治暗殺手段、有組織有計劃的白色恐怖和瘋狂絕頂的高壓獨裁政策。在他看來，出身於清華大學、受過美國式教育的聞一多，一直從事於大學教育和學術研究，從不曾有過左傾的嫌疑，卻被特務暗殺了，這更證明了當局的白色恐怖和絕頂瘋狂，因爲如聞一多這樣的教授，正是由於政治的不民主、在中國招致多年內戰的情況下才起而參加民主鬥爭的，「一多先生之參加了民主運動，也正是有良心的學者的愛國行爲，難道這就是犯了該死的罪嗎？」郭沫若駁斥了認爲學者文人根本不應該過問政治的

〔註 3〕 〈悼聞一多〉初載 1946 年 7 月《民主周刊》第 20 期，引自趙慧編：《回憶紀念聞一多》，武漢出版社，1999 年，第 31～33 頁。

偏見，如聞一多生前一樣質問道，「政治惡化到了今天，連學者文人都不能不起來過問了，這到底應該誰個負責？」「今天的學者文人們對於政治的要求只是作為一個民國人民的最低限度的條件，我們要求民主，要求人民權利的保障，要求廢棄獨裁，廢棄一黨專政，難道這便行同不軌嗎？」這也正是聞一多生前的思想意識和拍案而起的動機所在，郭沫若此問所體現的正是對聞一多的知人之論。當時的確到了即使如聞一多這樣長期埋首學術、不怎麼關心現實的學者都被迫走出書齋，走向社會政治鬥爭的最前列，這是以聞一多為代表的現代知識分子的最為寶貴的思想品格。當國家混亂、民族危機、民生凋敝、政治腐壞、暴行當道、戰爭不斷的關鍵時候，當本該負責的統治階級對國家的安定、民族的興盛、人民的幸福生活最是不負責任的時候，每個有正義感的中國人、每個有良知的知識分子就應該起而負責，來拯救自己的國家。

實際上，在當時的政治危機關頭，知識分子們都面臨著一個選擇的，面臨的是政治立場的選擇和特定的政治立場支配下的現實行為的選擇。抗戰勝利前後，我認為知識分子的政治立場和現實行為的選擇可以說有這樣幾種：一是原本就絕望於國民黨的統治，接受無產階級革命思想而為人民大眾吶喊奮鬥，比較早就傾向了共產黨或直接就參加了共產黨的左翼知識分子，如郭沫若就是典型的代表，儘管40年代他不是組織意義上的共產黨員，但思想上基本屬於共產黨陣營；二是寄希望於國民黨政府，認國民黨政府為唯一合法的政府，有的乾脆就參加了政府的工作而成為了國民黨統治階層的組成人員，當然也就盡力維護國民黨的統治了，儘管有的標榜為自由主義知識分子如胡適，但言行不一，實際上是站在國民黨立場上反對共產黨革命的，也有的不滿國民黨的腐敗並起而鬥爭，但實質上還是為了維護國民黨的，如傅斯年；三是既不傾向於國民黨，也不贊成共產黨，或者既反對國民黨政治，也反對共產黨政治的騎牆派，他們實際上是關心政治的，但這關心也僅限於發點不痛不癢的幼稚的政治言論而實際上並沒有自己的政治立場，其言論不為任何的政治力量所重視，如沈從文堪為代表，其實是不合時宜、不識時務；四是根本不關心政治、不關心現實、不關心社會的學院派知識分子，真正地做到了躲進小樓成一統，沉醉於故紙堆中做著自以為偉大的學問，純粹地為學問而學問，這些「做」出來的學問與中國的民眾沒有任何的關係，所以可能的結果是如聞一多所說人民也不會要他們，當時聞一多的周圍即西南聯大

就有大量的這樣立場的學者，當然不乏大學者如人文學科領域的陳寅恪和馮友蘭等；五就是如聞一多這樣的知識分子，他們最初或可屬於上述幾類中某一類的政治立場，而一度主要地專心致志於自己的教學和學術研究，他們最是希望國家的穩定、民族的強盛、政治的清明、思想的自由，庶幾可以一直有充分的條件從事自己最喜歡的學術和科學研究，以在科學和文化方面對國家和民族做出自己的貢獻，聞一多之一度潛心於學術研究也就是這樣的想法，這實際上也是一個學者的「最低限度的條件」，但他們失望了，當時的政府連這樣最基本的條件都不僅不能保證，而且還要破壞，使他們的生存境遇更加惡化，思想空間愈益狹窄，精神生活尤其糟糕，耳聞目睹，全社會比他們自己的生活還要惡劣，他們終於忍無可忍，起而鬥爭了，不僅僅為自己鬥爭，而是為廣大的人民大眾鬥爭，為國家的前途命運鬥爭，為民族的繁榮富強鬥爭。有鬥爭就有犧牲，他們不惜犧牲自己的生命來捍衛那最寶貴的和爭取那最理想的民主、自由、正義、平等以及各種人民應該享有的權利。這就是聞一多！這就是郭沫若眼中的聞一多！這就是為了捍衛和爭取民主、自由、正義、平等以及各種人民應該享有的權利而犧牲了生命的聞一多！本來，如郭沫若所說，抗戰勝利後，「我們正應該力改前非，及早廢棄獨裁，廢棄一黨專政，實行民主，從事建設，以圖整個國家的現代化。這也正是我們人民今天普遍的要求，國內國外都是認為合理而且合法的，沒有一絲一毫逾越了限度。」但是，反動的政府倒行逆施，對人民的統治變本加厲，「在遍地災荒，漫天貪墨，萬民塗炭，百業破產的時候，卻偏偏進行著大規模的內戰，而鎮壓人民的反對，竟不惜採用最卑劣無恥的手段來誅鋤異己。」

聞一多的犧牲恰好證明了發動當局的更加反動，這樣的政府必然會走向滅亡，而歷史也已經做出了公正的判決。郭沫若滿懷激情地預言：「中國的人民是有翻身的一天的，到那時候李公樸和聞一多的銅像要滿佈天下。」果然，到現在，浠水聞一多紀念館、清華大學、雲南師大、武漢大學、青島海洋大學等聞一多生活過的地方都樹起了聞一多的雕像，從別一方面證明著聞一多的價值！

三

聞一多的價值不僅僅在政治方面，主要的還在文化方面。聞一多初犧牲時，全社會高揚的主要是他的政治價值，一定程度上也遮掩了他更加永恒的

文化價值。但也同時因為政治價值的凸顯，他的文化價值隨之浮出了水面。郭沫若在當時應該說是慧眼獨具，比較早地意識到了聞一多的文化學術價值，儘管他的認識在當時還不可能全面和客觀。在郭沫若的對聞一多的紀念中，一方面更多地從政治上論定了聞一多作為民主鬥士的偉大之處，另一方面已經從文化上評價聞一多作為學者的成就和貢獻了。

在最初的〈悼聞一多〉中，就特別痛惜聞一多的犧牲在學術文化方面的損失，就他當時對聞一多學術研究的有限的接觸，郭沫若就指出：「在先秦文獻的研究上，一多先生的成績是很驚人的。《楚辭校補》得過教育部的二等獎金，讀過這部著作的人，誰個不驚歎他的方法的縝密，見解的新穎，收穫的豐富，完全是王氏父子再來！我所見到的，關於莊子內篇的校記及若干詩經的今譯，也無不獨具隻眼，前無古人。」這還僅僅提到聞一多先秦文獻的研究，因為郭沫若對於聞一多其它的學術研究還不完全熟悉。後來，郭沫若參加了《聞一多全集》的編校，通讀了當時所能夠找到的遺稿，這才對聞一多學術世界有了較為系統的瞭解。據吳晗回憶，1946 年上海文協開會，郭沫若就自告奮勇，願意負責聞一多遺集的編定，用三個禮拜的時間校讀了兩遍，改正了所有的錯字和聞一多的筆誤，在給吳晗的信中說，「稿中文字頗多奪誤，所引用甲骨文金文及小篆多錯或誤，已一一查出原字補正。全書標點符號，已為劃一。」可見郭沫若用力之勤和精。吳晗還特別提到，「沫若先生是一多生前最敬佩尊重的人，《青銅時代》和《十批判書》是一多所最愛讀的書，前年冬和去年春天，在西倉坡的院子裡，陽光下，這兩部書曾經成為我們談話的經常題目。」〔註4〕實際上，聞一多的關於先秦文字和文獻研究的部分，也只有郭沫若這樣的專家才能審讀和校改。而郭沫若直到看了擬定的全集底稿後才知道聞一多的學術研究領域不僅僅限於先秦文獻的整理和校讀上，研究的範圍還有唐代的詩與詩人。正是因為參與編校《聞一多全集》，郭沫若得以進入聞一多的學術世界，寫出了後來作為全集序言的〈論聞一多做學問的態度〉，對聞一多的學術研究進行了當時比較全面系統的評價，也應該說郭沫若是最早對聞一多學術研究進行系統評價的學者，其意義完全可以和當年的聞一多評價他的《女神》相媲美。在這個意義上，郭沫若也可以說是聞一多的學術知音了，他能夠懂得聞一多！因此，〈論聞一多做學問的態

〔註 4〕 吳晗：〈開明版《聞一多全集》跋〉，參見新版《聞一多全集》第 12 卷，湖北人民出版社，1994 年，第 454 頁。

度〉〔註5〕即作爲開明版《聞一多全集》序言的這篇文章，也成爲研究聞一多學術成果的開拓之作和經典之作了，正如聞一多的《女神》論已經成爲《女神》研究的開拓之作和經典之作一樣。從聞一多1923年寫作論女神文章到郭沫若1947年作評聞一多學術的文章，相距20餘年，他們以詩歌的對話始、以學術的對話而終，意味著他們是有始有終地維持著精神的聯繫和交流的。

而郭沫若這個時候所看到的聞一多的學術論著雖然比他以前所接觸到的要全面一些，但與後來編印的新版12卷本的《聞一多全集》所收學術論著相比，也僅僅是一部分。但即此郭沫若就對聞一多的學術研究做出了精到的分析、論述和評價，雖然還說不上全面，因爲就郭沫若文章所涉及的，基本限於對先秦部分的評價，特別是論述了聞一多對《周易》、《詩經》、《莊子》、《楚辭》這四種古籍研究的特徵和貢獻，而對神話研究、樂府詩研究、唐詩研究、文學史研究以及文字學的考釋等基本沒有涉及，這大約一限於這篇文章本身的篇幅，二主要還是集中在郭沫若自己感興趣的部分，三所評說的亦是郭沫若自己有過研究的對象，四還有相當多的手稿、未完稿當時沒有整理出來，郭沫若未曾寓目，當然尚不能全面把握聞一多的整體學術世界。但郭沫若以所掌握的材料加以他的詩人般的直覺和他長期的學術研究實踐所形成的洞察力，比較準確地揭示出了聞一多學術研究的整體特徵。

郭沫若首先敏銳地意識到和指出了聞一多研究中的創新性特徵，闡發了聞一多學術研究的文化思想意義。任何研究必須發人之所未發，言人之所未言，推進前人的研究，開創全新的後學，這樣的研究才是有意義的。在郭沫若看來，聞一多的研究具有開創性，甚至是前無古人的，他說：「就他所已成就的而言，我自己是這樣感覺著，他那眼光的犀利，考索的賅博，立說的新穎而翔實，不僅是前無古人，恐怕還要後無來者的。這些都不是我一個人在這兒信口開河，凡是細心閱讀他這《全集》的人，我相信都會發生同感。」爲了說明這一點，郭沫若特別舉出聞一多學術研究中的兩個例子，一是聞一多的〈詩新臺鴻字說〉解釋〈詩經‧邶風‧新臺篇〉裡面「魚網以設，鴻則

〔註5〕郭沫若的〈論聞一多做學問的態度〉一文，作於1947年8月7日，發表於1947年8月20日《大學月刊》第6卷第3、4期合刊。1948年開明書店出版的《聞一多全集》以郭沫若這篇文章作爲序言。後收入《沫若文集》第12卷，附錄於1994年湖北人民出版社新版《聞一多全集》第12卷。本文所引即參見新版《聞一多全集》之附錄。

離之」中的「鴻」字，以往都解釋為鴻鵠的鴻，而聞一多則從正面反面側面以大量的例證說明這個鴻字是指蟾蜍即蛤蟆，因而對全詩才有合理的解釋，全詩是說本來是求年輕的愛侶卻得到一個弓腰駝背的老頭子，就如本來是要打魚卻打到了蛤蟆。第二個例子是聞一多〈天問釋天〉中對「顧菟」的解釋，在《天問》中「夜光何德，死則又育？厥利維何，而顧菟在腹」，過去是把顧和菟分開來，認為顧是顧望，菟就是兔子。而聞一多以 11 項證據證明顧菟就是蟾蜍的別名，是發前人之未發的新見。「像這樣細密新穎地發前人所未發的勝義，在全稿中觸目皆是，真是到了可以使人瞠惑的地步。」於是郭沫若認聞一多為「一位富有發明力的天才」。發明是創新性的主要體現，發明而外還有發現的創新性層面，發明是指再創造出本來不存在的新事物，發現是指事物本來存在但不為人知時第一次展現於世界面前。聞一多學術研究的創新性既有發現的層面，也有發明的層面，如神話學研究就有學科奠基和開創的意義。而他的創新性不僅表現在郭沫若所說的文獻學或文字學方面，尤其體現在文化史上的思想性的發現和發明中，〔註6〕亦如他在新格律詩的創造和具體詩歌意象如「死水」意象的創造方面，聞一多在學術研究上確實如郭沫若所說有著天才的一面，對中國學術研究做出了巨大的貢獻。郭沫若能夠發現聞一多的這最為重要的創新性特徵，也是對聞一多研究和整個中國現代學術文化研究的一大貢獻。

任何創造性的發現或發明都有賴於所運用的方法，創造主體所追求的是發現和發明的結果，但在尋求結果的過程中需要更為有效的方法才能最迅捷地達到目的，所以在科學和學術研究中方法論是非常重要的，沒有好的方法不會有大的成果甚至會一無所獲。在此，郭沫若特別揭示了聞一多學術研究的方法論特徵，他所謂聞一多做學問的態度實際是指聞一多做學問的方法的，「是承繼了清代樸學大師們的考據方法，而益之以近代人的科學的縝密。」也就是考據學方法和近代科學方法相結合而成的中國現代學術史上的全新的科學方法論。當然這樣的方法並非聞一多首創，但卻是他在研究中最為徹底地實行的，如郭沫若指出的，聞一多為了證成一種假說，他不惜耐煩地小心地翻遍群書，為了讀破一種古籍，他不惜在多方面作苦心的徹底的準備。「這正是樸學所強調的實事求是的精神，一多是把這種精神徹底地實踐了。唯其

〔註6〕 聞一多學術研究中的發現和發明的地方非常之多，只有深入研究聞一多的學術成果才能看到，郭沫若所揭示出的也僅僅是冰山一角。

這樣，所以才能有他所留下的這樣豐富的成績。」但郭沫若也同時指出，聞一多並沒有僅僅局限於考據，考據的方法在他實際上僅僅是方法和手段，而最終的目的卻還是在文學的、思想的、文化的欣賞、說明和闡釋上。如聞一多在〈楚辭校補——引言〉中給自己規定的研究任課題：（一）說明背景，（二）詮釋詞義，（三）校正文字。〔註7〕詮釋詞義和校正文字需要用考據學的樸學方法，而目的在於「說明背景」。如果聞一多僅僅限於用考據學來研究學術，那他只能是一個乾嘉學派的傳人而不是一個現代意義上的學者了，即使作為乾嘉學派的傳人也實難超越前人，而作為現代學者則由於現代科學方法論的運用就完全可以而且事實上聞一多已經大大超越了乾嘉學派的考據學研究。作為現代學者，他固然借用了清代考據學方法並得到郭沫若的首肯，但聞一多同時還運用了大量的現代人文的和科學的方法，是想在考據學基礎上對古代典籍裡面所包含的中國文化作出更為全面的背景說明的。可惜天不假年，他沒有實現自己的學術理想。郭沫若在此主要評價了聞一多對考據學方法的應用，而對聞一多其它的研究方法基本沒有涉及，但他已經給出了聞一多在方法論方面的貢獻和意義了。就郭沫若所舉的幾種有限的考據學著作如《周易義證類纂》、《詩經新義》、《詩經通義》、《莊子內篇校釋》、《離騷解詁》都是在「詮釋詞義」和「校正文字」方面「極有價值的文字」（事實上聞一多這樣的著作還有很多的），正如郭沫若指出的，這些著作對於當代的考據家們，假使能得一篇，也就盡足以自豪了。但聞一多並沒有滿足於此，也並不如一般腐儒們沾沾自喜，因為他實際上是把這樣的工作視為基礎的，而目的是進入到更為廣闊深邃的文化思想世界的。

由此可以見出聞一多學術研究的真正態度和目的，既由研究方法決定而又超越了方法的限制，以方法為徑而穿透中國的歷史和文化，對民族文化從思想上進行徹底的反思和重構，這才是聞一多的最終目的。這一點郭沫若同樣深刻地意識到並形象地做了說明，他說：「他雖然在古代文獻裡游泳，但他不是作為魚而游泳，而是作為魚雷而游泳。他是為了要批判歷史而研究歷史，為了要揚棄古代而鑽進古代裡去刳它的腸肚的。他有目的地鑽了進去，沒有忘失目的地又鑽了出來，這是那些古籍中的魚們所根本不能想望的事。」而聞一多自己也曾經形象地說明他不是一個蠹魚，而是「殺蠹的芸香」，自謂「比任何人還恨那故紙堆，正因為恨它，更不能不弄個明白。」而

〔註7〕聞一多：《聞一多全集》第5卷，湖北人民出版社，1994年，第113頁。

「經過十餘年的故紙堆中的生活，我有了把握，看清了我們這民族，這文化的病症，我敢於開方了。」〔註8〕這說明郭沫若對聞一多的意識正和聞一多的自我意識相符合，「殺蠹的芸香」也正是郭沫若所說的「魚雷」，表明了聞一多古籍整理和古籍研究的基本態度和最終目的，即郭沫若所概括的：「他搞中文是為了『裡應外合』來完成『思想革命』，這就是他的治學的根本態度。為著要得虎子而身入虎穴，決不是身入虎穴去為虎作倀。」說到底，聞一多和郭沫若一樣，都是五四新文化運動之子，所進行的一直是新文化運動提出的思想革命，而研究中國古代文化的目的實際上是為了完成對它的最終的革命，在革命中實現中國文化的現代化。對於中國古代文化，已經不是歌頌，而是批判了；已經不是絕對的肯定，而是相對的否定了；已經不是情感上的迷戀，而是理性的分析和辯證的揚棄了。這是聞一多的文化價值取向，是以聞一多為代表的一代中國現代知識分子的文化價值取向，是聞一多犧牲後郭沫若通過評價其學術研究而為之確認的基本的學術研究態度和文化價值取向。

而聞一多的這種學術研究態度和文化價值取向是他長期研究和探索的結果，經歷了一個應該說比較漫長且不無曲折的學術文化思想的演變過程，在上述創新性、方法、態度幾方面抉發的基礎上，郭沫若最後分析到了聞一多體現在學術研究中的意識形態的變遷和改進，或因為意識形態的變遷和改進而在學術研究上的巨大的思想進步。在這一點上，郭沫若的把握同樣十分準確，亦是知人之論。他以聞一多寫於不同時期的兩篇文章，即發表於1929年的論文〈莊子〉和寫於1945年6月的〈人民的詩人──屈原〉進行對比，鮮明地看出了聞一多思想的演變。寫作〈莊子〉時的聞一多，剛剛出版過詩集〈死水〉後即將放棄新詩創作而轉入學術研究，開始在大學任教，人生道路和精神世界的變化表現在思想上的就是對莊子思想的歌頌，陶醉於莊子的性情和思想中，欣賞著莊子的瀟灑和放達，讚美「他的思想的本身便是一首絕妙的詩」，〔註9〕迷戀於莊子的「道」。我們說聞一多的曾經一度退隱書齋，轉向內走，遠離現實，沉潛於古籍整理和研究，與莊子的思想影響也不無關係。但經過幾十年，到抗戰後期，他的思想發生轉變，體現在學術研究上的

〔註8〕 1943年11月25日致臧克家，《聞一多全集》第12卷，湖北人民出版社，1994年，第381頁。
〔註9〕 聞一多：〈莊子〉，《聞一多全集》第9卷，第8頁。

鮮明標誌就是在已經對莊子做出揚棄的基礎上開始猛烈地批判道家了，以爲道家是騙子。〔註 10〕由對道家的批判而轉向對屈原的前無古人的研究，如郭沫若指出的：「如其從對於文化史的貢獻上來說，這層思想的轉變可以說很具體地表現於他的由莊子禮贊轉而爲屈原頌揚。」在〈人民的詩人——屈原〉〔註 11〕中，聞一多從四個方面（屈原的身份、離騷的形式上、離騷的內容、屈原的死）說明了「屈原是中國歷史上唯一有充分條件稱爲人民詩人的人」。這意味著聞一多也有了人民意識，郭沫若由此得出結論：「就這樣，聞一多先生由莊子禮贊變而爲屈原頌揚，而他自己也就由絕端個人主義的玄學思想蛻變出來，確切地獲得了人民意識。這人民意識的獲得也就保證了《新月》詩人的聞一多成爲了人民詩人的聞一多。……屈原由於他的死，把楚國人民反抗的情緒提高到了爆炸的邊沿，聞一多也由於他的死，把中國人民反抗的情緒提高到了爆炸的邊沿了。」聞一多，這座長期壓抑的火山，這座沒有爆發的火山終於爆發了，以一死完成了自己思想的最後的轉變，以一死體現出了他的人生價值、體現出了他的社會價值、體現出了他的學術研究的文化價值。

「千古文章未盡才」，這是郭沫若閱讀聞一多遺稿時反覆盤旋在腦裡和口中的夏完淳的一句詩，在〈論聞一多做學問的態度〉一文的開頭和結尾都引用了這句詩，其痛惜之情溢於言表。郭沫若感慨到：「聞一多先生的才幹未盡，實在是一件千古的恨事。他假如不遭暗害，對於民主運動不用說還可以作更大的努力，就在學問研究上也必然會有更大的貢獻的。」「在今天我讀著一多的全部遺著，在驚歎他的成績的卓越之餘，仍不能不爲中國的人民，不能不爲人民本位的中國文化的批判工作，懷著無窮的隱痛。」以郭沫若的一貫的詩人激情所說出的對聞一多的痛惜之中的評價，全無誇張，是恰如其分地說明了聞一多的價值和聞一多的死所帶來的損失。當時的國民黨當局之所爲，毀滅的不僅僅是聞一多這一個生命，毀滅的是聞一多所代表的一種文化，或者乾脆可以說毀滅的就是中國的文化！因爲聞一多的一生足可以代表中國的文化，在他身上實際就積澱著一部中國的文化史和中國的學術思想史，特別更包含著現代中國所應該具備的文化選擇和文化的現代化建構的價值取向和

〔註10〕 聞一多在 1944 年作〈關於儒‧道‧土匪〉一文中認爲，傳統儒家是偷兒，道家是騙子，墨家是土匪。《聞一多全集》第 2 卷。

〔註11〕 〈人民的詩人——屈原〉初載 1945 年 6 月《詩與散文》詩人節特刊，文見新版《聞一多全集》第 5 卷。

文化價值標準。歷史留給我們的固然有偉大的遺產，但也留給了我們太多的遺憾和不僅令郭沫若而且令我們所有人扼腕長歎的遺恨。

詩人已去，哲人也逝，學者未繼，鬥士殞命，但詩性的、哲理的、學術的、戰鬥的精神遺產則該是長存的，無論聞一多還是郭沫若，他們的文學的思想的學術的文化的成果已然成爲現代中國文化的傳統了，包括聞一多對郭沫若的《女神》的評價和郭沫若對聞一多的學術的評價，因爲其中所包含的思想光芒也一併成爲我們重回中國現代文化歷史語境的橋梁，成爲我們重溫郭沫若和聞一多精神世界的媒介，成爲重構中國現代詩歌和中國現代學術文化大廈饒不過去的巨大存在，成爲重現中國現代民主革命歷史現場的必要的途徑。應該說，同是詩人、同是學者、同是民主鬥士的郭沫若和聞一多的互相欣賞、互相對話、互相評價，可爲中國現代文學史、現代學術史、現代革命史上不可多得的大有意味的精神文化事件，值得後學神往而深思。

（作者單位：山西大同大學雲岡文化研究中心）